Programación neurolingüística y educación emocional en el aula

Programación neurolingüística
y educación emocional en el aula

Mercedes Fernández Correas
Sara Jiménez Jiménez
Silvia López García

Paraninfo | ESPECIALIDADES FORMATIVAS

Paraninfo

© Ediciones Paraninfo, SA, 2025
   1.ª edición, 2025

© Mercedes Fernández Correas
© Sara Jiménez Jiménez
© Silvia López García

C/ Sierra de Guadarrama 35. Naves 2, 3, 4 y 5
Pol. Ind. San Fernando II,
28830 San Fernando de Henares
Teléfono: 914 463 350
clientes@paraninfo.es / www.paraninfo.es

Producción: Nacho Cabal Ramos
Diseño y maquetación: Ediciones Nobel

ISBN: 978-84-283-6803-2
Depósito legal: M-11727-2025
(32.007)

Impreso en España
Liberdigital (Casarrubuelos, Madrid)

La editorial recomienda que el alumnado realice las actividades sobre el cuaderno y no sobre el libro.

Este manual desarrolla la especialidad formativa denominada **Programación neurolingüística y educación emocional.** Con código SSCE131PO.

El objetivo general es aplicar los métodos de enseñanza más adecuados para cada situación de aprendizaje y los instrumentos de evaluación.

El libro responde fielmente al desarrollo curricular establecido en los cuatro módulos formativos que integran el programa formativo:

Módulo 1: Introducción a la PNL
Módulo 2: Los sistemas representativos
Módulo 3: Los niveles neurológicos
Módulo 4: Comunicación y educación emocional

El cómputo total de horas formativas es de 50.

Las unidades del libro se acompañan de multitud de **recursos didácticos** que ayudarán a la mejor comprensión de la materia de estudio:

- Desarrollo del currículo oficial.
- Lenguaje claro y sencillo que favorece la comprensión.
- Explicaciones exhaustivas y rigurosas, pero también amenas y asequibles.
- Gran cantidad de fotografías y tablas explicativas.
- Recuadros con información complementaria.
- Test de evaluación y actividades al finalizar cada tema.
- Argot técnico con los términos más relevantes para facilitar su consulta.

Este libro cuenta con el **solucionario** de las actividades incluidas en el libro al que puede accederse previo registro, desde la ficha web de este libro en www.paraninfo.es.

Solucionario disponible en

www.paraninfo.es

Contenido

Introducción

La Programación Neurolingüística surgió a principios de la década de los setenta, entre Richard Bandler y John Grinder, basándose en las teorías y perspectivas de otros muchos autores del momento como Fritz Perls, Virginia Satir, Milton Erickson y Gregory Bateson, quienes trabajaban sobre la lingüística, la psicología, la terapia familiar, la terapia Gestalt, la hipnoterapia y las habilidades de comunicación, entre otras especialidades.

Los primeros modelos que trabajaron Bandler y Grinder trataban sobre las habilidades verbales y no verbales de comunicación y, a través del desarrollo de estas ideas, llegaron a las conclusiones de que estas técnicas de PNL nos permiten no solo conectar con otras personas, sino también conectar con nuestro interior y nosotros mismos.

A través de la PNL, dejamos de contemplar las creencias que tenemos sobre nosotros mismos y sobre el mundo, en términos de bueno o malo, verdadero o falso, sino que pasamos a verlo como útil o inútil. Esto le da ese carácter eminentemente práctico que de por sí lleva la PNL en su propio nombre.

Así pues, todo lo que apliquemos, tanto en el ámbito intrapersonal como en el interpersonal, relacionado con la PNL, deberá tener ese carácter de aplicación, utilidad y practicidad para que pueda ser aprovechado por las personas o alumnos con los que trabajemos.

Programación neuro lingüística.

Introducción a la PNL

Esta unidad presenta los orígenes y fundamentos de la programación neurolingüística (PNL), sus presuposiciones clave y cómo influyen en nuestra manera de pensar y comunicarnos. Se analizan conceptos como el mapa mental, la comunicación efectiva y el aprendizaje a partir del error. Además, se explora cómo aplicar la PNL para mejorar las relaciones personales y profesionales.

Como hemos señalado en la introducción de este contenido, la Programación Neurolingüística (PNL) surgió en la década de 1970, un período especialmente vibrante y marcado por un gran impulso en el desarrollo de teorías y herramientas orientadas a la comprensión y el cambio de patrones de comportamiento.

La PNL nació en un momento en el que otras disciplinas también estaban alcanzando notables avances, sobre todo en el ámbito de la psicología y la formación, donde cada hallazgo parecía aportar un enfoque novedoso para enriquecer la relación entre las personas, su mente y su potencial. Fue precisamente en esta época cuando Richard Bandler y John Grinder, fundadores de la PNL, decidieron observar y estudiar de cerca los patrones de comportamiento y comunicación de personas reconocidas y exitosas en diferentes áreas, tales como la terapia, la formación y los negocios. A partir de este trabajo de observación, desarrollaron y perfeccionaron una serie de técnicas prácticas orientadas a modelar y reproducir esos patrones de éxito para que otros pudieran aplicarlas en su vida personal y profesional.

A lo largo de sus investigaciones, Bandler y Grinder identificaron una conexión profunda entre cómo las personas perciben la realidad y cómo su manera de procesar esa percepción influye en sus resultados. Así, comenzaron a perfeccionar métodos y estrategias que permiten observar, analizar y replicar los modelos mentales y comunicativos de aquellas personas que consiguen resultados positivos y satisfactorios.

De esta forma, la PNL no solo se consolidó como una serie de técnicas, sino también como una herramienta para entender y utilizar de manera efectiva la comunicación interna y externa, tanto en el ámbito personal como en el profesional.

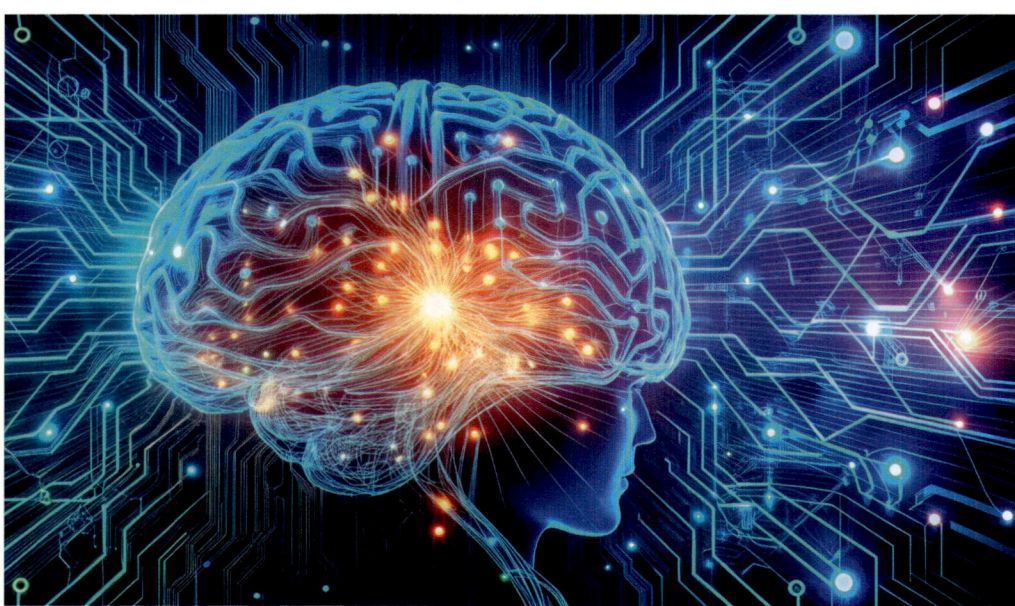

Figura 1.1. Patrones neuronales.

Este enfoque permitió a los formadores contar con recursos únicos y efectivos para acompañar al alumnado en la mejora de su desempeño, impulsando el aprendizaje y la transformación en cada etapa del proceso formativo.

La PNL es el resultado de la integración de elementos de tres campos clave: la psicología, la lingüística y la neurología. A través de esta combinación, Bandler y Grinder lograron establecer un marco teórico y práctico para comprender cómo la mente y el lenguaje influyen en la forma en que las personas se comportan y en cómo experimentan su realidad cotidiana.

La psicología contribuye a entender las bases de la conducta y las creencias, mientras que la lingüística permite analizar y ajustar la manera en que las personas interpretan el mundo mediante el lenguaje.

La neurología, por su parte, aporta la comprensión de los procesos cerebrales que sustentan tanto el pensamiento como el comportamiento, permitiendo un enfoque integrado para lograr cambios profundos y duraderos en el alumnado.

En conjunto, estos elementos no solo proporcionan una base sólida para los formadores, sino que también abren un amplio abanico de posibilidades para quienes buscan un cambio significativo en su vida, facilitando el acceso a nuevas formas de pensamiento, comunicación y acción en su proceso de formación.

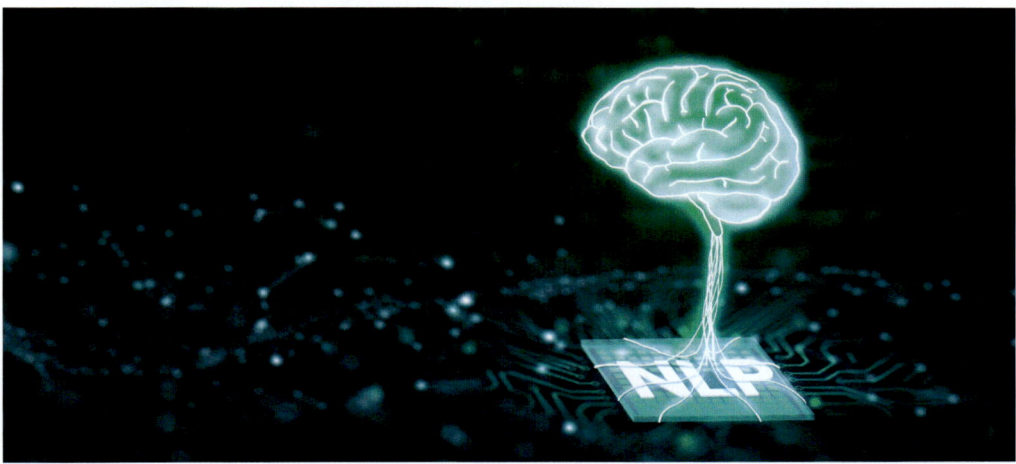

Figura 1.2. Estructura de la PNL.

1.1. Orígenes y definición

El contexto cultural de los años 60 y 70, en Estados Unidos, fue una época de intensos cambios y de experimentación en múltiples áreas, incluyendo las esferas social, empresarial, política, económica y de formación. Estos tiempos de transformación propiciaron una apertura hacia nuevas formas de pensar y actuar, tanto en el ámbito individual como en el colectivo. Con un interés creciente en la búsqueda de técnicas de desarrollo personal y de autoconocimiento, muchas personas se sintieron atraídas por disciplinas y enfoques alternativos. Este terreno fértil permitió que surgieran ideas y métodos innovadores en diversos campos, y uno de los que más impacto tuvo fue el de la psicología y la terapia.

Dentro de esta corriente de innovación, distintas formas de aproximación al comportamiento humano ganaron popularidad, desafiando algunos de los métodos y teorías establecidas. Fue en este marco donde emergió la Programación Neurolingüística (PNL), que proponía una metodología centrada en la idea de que los pensamientos, el lenguaje y las conductas podían estudiarse y modificarse para alcanzar el éxito personal. Esta metodología planteó una forma de comprender y transformar la manera en que las personas procesan la información y se relacionan con el entorno, ofreciendo herramientas concretas para lograr el cambio deseado.

Aunque los primeros trabajos y experimentos de PNL comenzaron en la primera mitad de la década de los 70, no fue hasta 1977 que se acuñó oficialmente el término «Programación Neurolingüística».

Fue Robert Dilts, colaborador de Richard Bandler y John Grinder, quien presentó por primera vez este modelo como un conjunto de técnicas aplicables no solo en el ámbito terapéutico, sino también en el cambio personal en general. Este término buscaba capturar la esencia de cómo el cerebro procesa la información (neuro), cómo el lenguaje influye el pensamiento y el comportamiento (lingüístico) y cómo las personas pueden estructurar (programación) sus respuestas de manera positiva y eficaz. Este enfoque novedoso, y en muchos casos revolucionario, tenía como objetivo último empoderar a las personas para superar sus limitaciones y alcanzar sus metas.

Uno de los pilares centrales en el desarrollo de la PNL fue la capacidad de «modelar el éxito». Esta idea se centra en la posibilidad de identificar y replicar los patrones específicos de pensamiento, lenguaje y comportamiento que utilizan las personas que alcanzan logros destacados en distintos ámbitos de la vida.

Tanto Bandler como Grinder se dedicaron a investigar y sistematizar estos patrones para hacerlos accesibles a cualquier persona interesada en mejorar sus propias habilidades o alcanzar metas específicas.

Su propósito inicial fue simplificar y descifrar estos patrones conductuales, estudiando a expertos en diversos campos para después transcribir y enseñar estos procesos de forma comprensible, de manera que cualquier integrante del alumnado pudiera asimilarlos y emplearlos en su vida diaria.

La llegada de la PNL a España tuvo lugar en la década de 1980, cuando se publicó la primera traducción de un libro sobre el tema. Esta obra causó un notable interés entre el público español, en particular entre aquellos y aquellas profesionales interesados en los modelos de cambio humano. A partir de esta primera introducción, la PNL comenzó a consolidarse, dando lugar a un aumento progresivo en la formación y divulgación de sus principios en nuestro país.

Actualmente, la Programación Neurolingüística cuenta en España con una red de profesionales y de formadores y formadoras que, a través de la Asociación Española de PNL, facilitan el acceso a estos modelos de desarrollo personal. Además, existe una considerable producción de libros y estudios, elaborados por autores y autoras nacionales, que enriquecen y amplían los conocimientos en este campo.

Figura 1.3. Ámbitos de trabajo de la PNL.

DEFINICIÓN DE LA PROGRAMACIÓN NEUROLINGÜÍSTICA

Podemos definir la PNL como un conjunto de estrategias que permite a las personas encontrar una vía clara y estructurada para resolver problemas de toda índole, impactando de manera positiva en diferentes áreas de la vida.

Desde conflictos personales y emocionales hasta bloqueos en el ámbito profesional o comunicativo, la PNL ofrece métodos que permiten a cada persona adoptar una perspectiva nueva y orientada a la solución.

La PNL es reconocida como una herramienta práctica que integra un sistema de técnicas y procedimientos diseñados para analizar, codificar y modificar conductas mediante el estudio del lenguaje en sus diferentes manifestaciones, tanto verbal como no verbal.

> **En esencia, este modelo se fundamenta en la idea de que los procesos internos de pensamiento se reflejan en el lenguaje que utilizamos, y a través de este es posible acceder y reprogramar respuestas emocionales, conductuales y de comunicación.**

Así, la Programación Neurolingüística ofrece a su alumnado técnicas efectivas para tomar consciencia de sus propios patrones y brinda las herramientas necesarias para redirigir estos patrones hacia un cambio positivo, proporcionando beneficios que pueden extenderse a múltiples aspectos de su vida.

1.2. Presuposiciones de la PNL

En la PNL, las presuposiciones son utilizadas como herramientas para promover un cambio efectivo y mejorar la comunicación de la persona.

Estas presuposiciones no son necesariamente verdades absolutas, pero sí se utilizan como marcos de referencia útiles para comprender y abordar situaciones de manera más efectiva.

Todas las estrategias de logro son válidas desde la PNL. Es más, todas las estrategias traen consigo un aprendizaje intrínseco, enseñar a las personas a elaborar objetivos, modelar conductas y modelar su propio lenguaje, por ejemplo.

Por lo que, por este motivo, para la PNL, no hay un fracaso como tal en la elección de una u otra estrategia, sino que existen resultados de la aplicación de esa determinada estrategia, y toma de decisiones sobre si seguir aplicándola o realizar algún cambio que nos permita alcanzar ese éxito que buscamos.

Las presuposiciones dentro de la PNL son variadas y han ido cambiando a lo largo de su corta vida, pero vamos a ver algunas de las más representativas para saber cómo aplicarlas en caso de necesidad. La PNL no se basa en ninguna teoría, sino que es un compendio de estudios, investigaciones y técnicas.

Figura 1.4. Trabajando sobre la PNL.

1.2.1. El mapa no es el territorio

El modo de orientarse de cada persona es precisamente gracias a los mapas mentales (esquemas mentales) que cada uno tenemos. En este caso, nos estaríamos refiriendo a la orientación que las personas tenemos del mundo en el que vivimos y de quienes nos rodean.

Desde el inicio de nuestras vidas, el mapa que configuramos es simple. El mapa de un niño de 2 años, se pude simplificar en dormir, comer, jugar e ir descubriendo un mundo nuevo. Pero evidentemente, a medida que vamos creciendo, se nos van presentando nuevos retos y nuevas situaciones que debemos enfrentar y «cartografiar» en nuestros propios mapas.

Esto implica que, dado que el mapa va cambiando a lo largo de nuestra vida, es necesario que lo mantengamos actualizado y nos sirva para poder seguir los mejores caminos y los más apropiados en función de nuestras necesidades y experiencias.

Hay dos principios fundamentales que nos ayudan a conseguir un amplio mapa para nosotros mismos: descubrir y explorar nuevos caminos, dejando a un lado qué posibles situaciones adversas puedan traer consigo para nuestras vidas.

No hay un único mapa válido para cada persona. Siempre, el mejor mapa será el que ofrezca más de un camino ante una posible situación. Un mapa con más caminos y oportunidades de llegar a los objetivos que una persona pueda marcarse siempre será más completo.

Cuantos más caminos y opciones tengamos de reacción y respuesta ante una situación, más flexibilidad y posibilidades nos traerá para escoger la solución que mejor se adapte al momento en el que estemos. Hablamos de problemas comunes, situaciones vitales, trascendentales, laborales, personales, emocionales, familiares, sentimentales o cualquier otro suceso que pueda aparecer en nuestra vida. La idea siempre va a ser la de encontrar el camino más adecuado para salir adelante y conseguir nuestro propósito al mismo tiempo.

Figura 1.5. El mapa no es el territorio.

1.2.2. No puedes no comunicar

LA COMUNICACIÓN HUMANA ES COMPLEJA, PUESTO QUE NO TIENE REGLAS FIJAS

La comunicación humana es una de las funciones más complejas e integrales en la vida de cada persona, en gran parte, debido a la ausencia de reglas fijas que la definan de manera absoluta. A diferencia de otros sistemas de interacción, la comunicación entre personas es tan variada y dinámica que resulta imposible reducirla a una fórmula.

Este carácter único se debe a que las personas no solo se comunican a través de palabras, sino que también transmiten una gran cantidad de información a través de medios no verbales, como el lenguaje corporal, la expresión facial y el tono de voz.

Partiendo de esta base, comprendemos una de las presuposiciones fundamentales de la Programación Neurolingüística: «no podemos no comunicar».

La afirmación de que las personas no podemos dejar de comunicarnos es un principio central en la PNL y en el estudio de la comunicación en general. Las personas nos expresamos continuamente, con independencia de que utilicemos palabras o no. Este proceso constante de comunicación es una manifestación de nuestra naturaleza dinámica y en constante interacción con el entorno y con quienes nos rodean.

Lejos de ser entes inertes, estáticos o inmóviles, estamos en permanente intercambio de información, ya sea de manera consciente o inconsciente, verbal o no verbal.

Cada gesto, movimiento y expresión de nuestro cuerpo participa en este flujo continuo de comunicación. Los ámbitos kinestésicos y no verbales, como las posturas, los gestos, los microgestos, las expresiones faciales, el tono de voz, el volumen, la entonación e incluso las muecas, se combinan para enviar una serie de mensajes que pueden ser interpretados por las personas de nuestro alrededor. Incluso cuando optamos por guardar silencio, nuestro cuerpo y nuestra presencia continúan transmitiendo mensajes que pueden ser percibidos e interpretados.

Figura 1.6. Imposible no comunicarnos.

El silencio mismo se convierte en un poderoso canal de comunicación, pues su significado puede variar de acuerdo con el contexto y con las percepciones de quienes lo observan, transmitiendo tanto seguridad como duda, acuerdo o desacuerdo, paz o tensión, dependiendo de la situación y de los elementos no verbales que lo acompañen.

Este principio de la comunicación humana fue ampliamente explorado por Paul Watzlawick, uno de los teóricos más destacados en el estudio de la comunicación. Este, junto con sus colegas Janet Beavin y Don Jackson, desarrolló una teoría que revolucionó la manera en que comprendemos los intercambios comunicativos. En su obra *Teoría de la comunicación humana*, publicada en 1967, los autores analizaron en profundidad cómo funciona la comunicación entre personas, y plantearon ideas fundamentales sobre la dinámica de los sistemas sociales. *Uno de los postulados más conocidos de este trabajo es precisamente la afirmación de que «las personas no pueden no comunicarse».*

A través de este concepto, Watzlawick y sus colaboradores señalaron que toda acción, o incluso la falta de ella, tiene un significado y una consecuencia en el ámbito comunicativo. Desde entonces, este principio ha sido fundamental no solo en los estudios sobre la comunicación, sino también en la Programación Neurolingüística, ya que la PNL se basa en entender e interpretar estos procesos de manera que faciliten la conexión y el entendimiento con el entorno.

Según esta visión, la comunicación no solo se limita al intercambio de palabras o a la transmisión de un mensaje concreto, sino que abarca cada aspecto de nuestro comportamiento, haciendo evidente que siempre estamos transmitiendo información, queramos o no.

Hoy en día, somos más conscientes de la riqueza y profundidad de estos procesos. Entendemos que la comunicación es un fenómeno mucho más complejo de lo que se creía anteriormente, y que el lenguaje no verbal puede comunicar aspectos tan o más importantes que las palabras mismas. Cada elemento de nuestro ser, desde la postura hasta los matices en la voz, forma parte de un sistema que refleja nuestras emociones, intenciones y actitudes. A través de esta visión, la PNL nos permite adquirir herramientas para ser más conscientes de lo que comunicamos y de cómo el entorno recibe e interpreta estos mensajes, invitándonos a participar activamente en la creación de una comunicación efectiva, consciente y adaptada a nuestras metas y relaciones.

Figura 1.7. En busca de la comunicación efectiva.

1.2.3. Un error no es un fracaso, es tan solo una oportunidad para mejorar

Desde la PNL no existen los fracasos, sino que existen, simplemente, mensajes de respuesta. Los resultados a las acciones que llevamos a cabo nos dan respuestas, resultados, que solo pueden encontrarse mientras que sigan existiendo esos mensajes de respuestas precisamente. Por lo tanto, debemos estar en permanente acción y toma de decisiones para poder obtener dichas respuestas.

Gracias a esos mensajes de respuesta, podemos ver si estamos yendo en la dirección correcta, o si debemos hacer alguna corrección para encontrar el camino adecuado. Por lo tanto, no lo consideramos un fracaso si el resultado o la respuesta, no es la apropiada o no nos lleva al logro deseado. Sino que lo vemos como una oportunidad de ajuste o reajuste sobre el propio plan, el propio mapa que hemos diseñado anteriormente para afrontar una determinada situación.

Cuando una persona siente que está fracasando, esto le termina generando una emoción de miedo, lo cual le afecta negativamente ante la sensación de que no podrá alcanzar las metas que se ha marcado. Y aquí aparecerá ya no solo el miedo al fracaso, sino que surgirá paulatinamente, el miedo a la derrota lo que hará que esa persona, deje de pretender alcanzar sus objetivos y, por lo tanto, su éxito. (Sea en el ámbito que sea).

Para atajar esta situación y esta percepción errónea sobre las respuestas que «no nos gustan», tenemos que trabajar entendiendo, poco a poco, que fracasar en ciertos momentos o ante determinadas situaciones desconocidas para nosotros, es algo natural y que no se trata de otra cosa más allá que de situaciones sobre las que tenemos que aprender, ya que llevan intrínseco un aprendizaje para nosotros.

Si contemplamos estas situaciones desde esta perspectiva, veremos cómo nuestro mapa se va ampliando y generando nuevos caminos por los que transitar para encontrar nuevas respuestas o soluciones a futuras situaciones.

Figura 1.8. Respuestas posibles .

1.2.4. Respeto por el modelo del mundo de las otras personas

Uno de los principios fundamentales en la Programación Neurolingüística (PNL) es el respeto por los modelos mentales o «mapas» que cada persona construye para interpretar el mundo que la rodea.

Si comprendemos que nuestros propios esquemas mentales son únicos, y que estos pueden evolucionar con el tiempo a medida que adquirimos nuevas experiencias, conocimientos y perspectivas, entonces podemos entender que lo mismo ocurre con las demás personas.

Cada persona, al igual que nosotros, posee un conjunto de mapas mentales en constante transformación, que le sirve para navegar por la vida y dar sentido a los eventos y relaciones.

Esta premisa subraya la importancia de aceptar y valorar las perspectivas individuales de las personas a nuestro alrededor. En el contexto de la PNL, se considera esencial reconocer que cada persona interpreta el mundo de manera única, influida por sus experiencias pasadas, creencias, valores y percepciones. Estos elementos, que pueden parecer invisibles o poco perceptibles desde fuera, configuran la manera en que cada persona entiende la realidad y responde a los distintos estímulos que encuentra en su vida diaria.

Desde esta perspectiva, respetar el modelo del mundo de otra persona implica un compromiso con la empatía y la apertura de mente, entendiendo que, aunque nuestras visiones puedan diferir, cada interpretación del mundo es válida en sí misma.

Cuando en la PNL se habla de respetar el modelo del mundo de otra persona, no se trata únicamente de tolerar sus ideas o puntos de vista. Es un paso más allá, que implica valorar realmente la diversidad de perspectivas. Esto significa que podemos reconocer la forma de ver y comprender el mundo de otra persona como algo legítimo y valioso, aunque no necesariamente coincidamos con ella o compartamos todos sus puntos de vista.

Aceptar este principio no requiere que estemos de acuerdo con el cien por cien con los modelos mentales ajenos ni que renunciemos a nuestros propios valores o creencias. Lo que requiere es que demos a esas perspectivas el valor que tienen en función de las experiencias y vivencias que las han moldeado. Practicar el respeto por los modelos del mundo de otras personas es una habilidad que requiere atención y esfuerzo consciente. En la vida cotidiana, solemos reaccionar a los puntos de vista de otras personas comparándolos con los nuestros, a menudo emitiendo juicios o evaluaciones rápidas.

Sin embargo, en el contexto de la PNL, se busca desarrollar una disposición que favorezca la validación y aceptación de los modelos ajenos. Esto significa reconocer que cada persona, a través de su propio modelo, tiene razones válidas para pensar, sentir y actuar de una determinada manera. Así, trabajamos para cultivar una actitud de comprensión hacia estos mapas individuales, sabiendo que cada uno de ellos aporta una perspectiva única que contribuye a la riqueza de la experiencia humana.

La PNL invita, a quienes se forman en este modelo, a reflexionar profundamente sobre cómo interactúan con las perspectivas ajenas. Aprender a valorar y respetar el modelo del mundo de otra persona no solo mejora las relaciones interpersonales, sino que también nos ayuda a desarrollar una comprensión más completa y matizada de las diferentes realidades humanas. Al adoptar esta actitud de respeto genuino, podemos abrir la puerta a la cooperación y la conexión auténtica con el resto del alumnado y las personas de nuestro alrededor, evitando conflictos innecesarios que a menudo surgen de malentendidos y suposiciones apresuradas.

En última instancia, este principio de respeto y valoración de los modelos del mundo de los demás es una habilidad que se puede fortalecer con la práctica. La PNL nos anima a reconocer que, aunque cada persona tenga sus propias creencias y percepciones, todas ellas poseen valor. Por eso, esta habilidad no se limita solo a un cambio de actitud, sino que también requiere entrenamiento consciente en reconocer, validar y aceptar la diversidad de formas de ver la vida. Al adoptar este enfoque, estamos contribuyendo a crear un entorno de formación en el que el respeto y la empatía mutuos son fundamentales, ayudando a construir relaciones más enriquecedoras y un contexto de crecimiento compartido.

Figura 1.9. Multitud de enfoques.

1.2.5. Todo comportamiento tiene una intención positiva

En el marco de la Programación Neurolingüística (PNL), uno de los principios esenciales es el reconocimiento de que cada persona, y cada uno de sus comportamientos, alberga de manera intrínseca una intención positiva.

Esta idea sostiene que detrás de cualquier conducta, por más inapropiada o contraproducente que pueda parecer a simple vista, subyace una intención que busca cumplir una necesidad o alcanzar un beneficio percibido por la persona. En otras palabras, el desarrollo de un comportamiento concreto es una respuesta a una necesidad o deseo que tiene un efecto positivo para quien lo manifiesta, o al menos así lo percibe.

Para entender mejor este concepto, en la PNL se enfatiza la importancia de reconocer que todos y todas actuamos de acuerdo con nuestros propios mapas mentales, en los que influye la interpretación que damos a nuestras experiencias y emociones.

Desde esta perspectiva, los comportamientos individuales, aun aquellos que parecen perjudiciales o limitantes, son en realidad intentos de satisfacer alguna necesidad emocional, mental o incluso física.

La persona busca, a través de ellos, conseguir una respuesta o un alivio que considera valioso en ese momento. Esto puede manifestarse en acciones de todo tipo, desde reacciones emocionales y conductuales hasta patrones de pensamiento y comunicación.

Figura 1.10. Cómo nos comportamos.

Para las personas que se forman en PNL, es fundamental aprender a reconocer esta intención positiva en cada acción y reacción. Cuando conseguimos identificarla, logramos comprender los motivos que impulsan determinados comportamientos y, por tanto, se facilita el proceso de cambio.

Al reconocer y entender la intención positiva detrás de nuestras propias acciones o de las de otras personas, eliminamos gran parte de la resistencia interna que suele dificultar el crecimiento y la adopción de nuevas formas de actuar.

La resistencia, entendida como una fuerza que nos frena o nos impide cambiar, se genera precisamente cuando no somos conscientes de esas intenciones subyacentes y, en consecuencia, no las integramos de manera positiva en nuestro proceso de transformación.

El principio de la intención positiva también nos ayuda a evitar juicios o evaluaciones negativas hacia nosotros mismos y hacia el resto del alumnado. Al observar los comportamientos desde esta óptica, podemos ver que, aunque ciertos patrones de conducta no siempre nos resulten beneficiosos a largo plazo, estos tienen su origen en un deseo de protección, satisfacción o alivio.

Figura 1.11. Resistencia a los cambios.

Así, en lugar de condenar nuestras reacciones o las de otras personas, la PNL nos enseña a identificar y validar esa intención subyacente. Esto permite que podamos redirigir esos mismos impulsos hacia conductas adaptativas y positivas, que promuevan un desarrollo personal adecuado y enriquecedor.

Para lograr un cambio genuino y sostenible, resulta imprescindible identificar si los comportamientos que manifestamos nos llevan a patrones de conducta adaptativos y adecuados para nuestra vida.

La PNL ofrece herramientas para analizar cómo nos afectan estos patrones y nos invita a cuestionar si están alineados con nuestras metas y bienestar a largo plazo. Al ser conscientes de la intención positiva detrás de cada conducta, podemos aprender a canalizar estos impulsos de manera que sirvan a nuestro desarrollo en lugar de limitarnos.

Por ejemplo, si alguien manifiesta conductas de evitación en situaciones sociales, la intención positiva podría ser protegerse de un posible rechazo o incomodidad. Al reconocer esta intención de autoprotección, la persona puede trabajar en desarrollar nuevas habilidades de afrontamiento que le permitan interactuar con mayor confianza y seguridad.

Este principio de la intención positiva nos brinda una perspectiva compasiva y comprensiva para observar los comportamientos humanos. Nos permite reconocer el valor de cada acción, incluso de aquellas que pueden parecer limitantes o ineficaces, y descubrir en ellas una oportunidad de crecimiento y cambio.

La PNL promueve así una visión de las conductas humanas como intentos legítimos de buscar el bienestar y satisfacer nuestras necesidades profundas, un enfoque que fomenta la aceptación y el respeto hacia uno mismo y hacia quienes nos rodean.

Al aplicar este principio en nuestra vida diaria, no solo transformamos nuestros comportamientos, sino que también desarrollamos una actitud de comprensión hacia los demás, lo que enriquece y fortalece nuestras relaciones y nuestro propio proceso de cambio.

Figura 1.12. Tomar decisiones como conducta habitual humana.

1.2.6. Si lo que haces no funciona, haz otra cosa

A primera vista, esta frase podría parecer una afirmación simple, incluso una «perogrullada», sin embargo, encierra un principio de profunda relevancia en la Programación Neurolingüística (PNL) y en el desarrollo personal.

En el contexto de la PNL, se hace imprescindible reconocer cuándo nuestros patrones de conducta o lenguaje están conduciéndonos repetidamente a resultados no deseados. En muchas ocasiones, nos encontramos con que tanto nosotros mismos como las personas de nuestro alrededor tendemos a repetir ciertos comportamientos y maneras de expresarnos, aunque el resultado que obtenemos sea negativo o simplemente no nos aporte nada nuevo o positivo.

Este principio plantea la necesidad de estar dispuestos a evaluar nuestra conducta y respuestas en cada situación. Aunque pueda sonar lógico, la realidad es que muchas veces, incluso cuando vemos que nuestras acciones o enfoques no están funcionando, continuamos aplicando las mismas soluciones sin realizar ningún cambio. Repetimos una y otra vez las mismas estrategias de pensamiento, las mismas acciones y los mismos protocolos de actuación, esperando que en algún momento den un resultado distinto.

> **Este tipo de enfoque genera un ciclo de frustración, pues al no introducir ninguna variación, no es razonable esperar una respuesta diferente o un cambio real en los resultados obtenidos.**

Desde la perspectiva de la PNL, es esencial prestar atención a estos patrones de comportamiento y lenguaje. A menudo, nos encontramos con que ciertos patrones están tan interiorizados y automatizados que los llevamos a cabo casi de manera inconsciente, sin detenernos a cuestionar si realmente son efectivos o útiles en el contexto actual. Al estar tan profundamente arraigados en nosotros, estos comportamientos se activan casi por reflejo, y los ejecutamos como algo habitual, sin considerar si existen otras opciones o alternativas que podrían ser más beneficiosas.

Así, caemos en la trampa de repetir respuestas que, aunque fueron útiles en algún momento, ya no son eficaces para alcanzar nuestros objetivos o para resolver los problemas que enfrentamos en el presente.

Aquí es donde la PNL puede desempeñar un papel crucial. Este enfoque nos ofrece herramientas para reconocer y modificar aquellos comportamientos y patrones que no están funcionando y que, sin darnos cuenta, nos conducen al mismo error o insatisfacción una y otra vez. La PNL promueve la idea de la flexibilidad, alentándonos a experimentar con nuevas formas de actuar y pensar, en lugar de quedarnos atrapados en esquemas repetitivos que ya no nos sirven.

Este proceso de cambio empieza con la capacidad de identificar aquellos patrones que no nos llevan hacia donde queremos ir y de estar dispuestos a explorar alternativas, incluso si esto implica salir de nuestra zona de confort.

La clave para generar cualquier tipo de cambio significativo, ya sea en el ámbito personal o en nuestras interacciones con el resto del alumnado, radica en aprender a reconocer los patrones que no están siendo efectivos. La PNL nos proporciona técnicas y estrategias que actúan como una guía en este proceso de autodescubrimiento y transformación. A través del análisis y la observación, podemos detectar aquellas conductas y respuestas automáticas que ya no nos benefician y trabajar en desarrollar nuevas maneras de afrontar las situaciones que sean más adaptativas y constructivas. Este cambio en los patrones no solo afecta a nuestra vida cotidiana, sino que también permite mejorar nuestra interacción con las personas a nuestro alrededor y ampliar las posibilidades de alcanzar nuestros objetivos.

Figura 1.13. Aceptar los cambios.

Este principio nos invita, además, a adoptar una actitud de autoexploración constante, en la que estemos abiertos a cuestionar si nuestras conductas nos están acercando a lo que deseamos o, por el contrario, nos están limitando. La PNL nos recuerda que siempre tenemos la capacidad de elegir nuestras respuestas, aunque a veces esto requiera un esfuerzo de consciencia y voluntad. Al aplicar esta idea de «hacer otra cosa» cuando algo no funciona, ganamos la libertad de experimentar y adaptar nuestras acciones hasta encontrar lo que realmente nos lleve a los resultados deseados.

Por tanto, el principio de «si lo que haces no funciona, haz otra cosa» es una invitación a abrazar la flexibilidad, a desafiar nuestros propios patrones y a estar dispuestos a cambiar cuando sea necesario.

La PNL nos ayuda a reconocer esas áreas donde necesitamos variar nuestra respuesta, aportándonos herramientas para identificar patrones que ya no nos sirven y reemplazarlos por estrategias que realmente nos permitan avanzar.

Este enfoque nos capacita para ser más conscientes de nuestras decisiones y nos empodera para asumir la responsabilidad de buscar caminos alternativos, con el fin de alcanzar el bienestar y la satisfacción que deseamos en todos los aspectos de nuestra vida.

Figura 1.14. Conocernos para conocer nuestras emociones.

1.2.7. La mente y el cuerpo son partes del mismo sistema

En la Programación Neurolingüística (PNL), uno de los principios fundamentales es el entendimiento de que la mente y el cuerpo no son elementos separados, sino partes de un mismo sistema interconectado. Cada pensamiento que albergamos, cada emoción que sentimos y cada reacción que experimentamos en el ámbito mental tiene un impacto directo en nuestro cuerpo, generando una serie de cambios físicos que reflejan nuestro estado interior.

De igual forma, cualquier cambio corporal o ajuste físico, incluso aquellos que parecen insignificantes, como la postura o la respiración, puede tener un efecto profundo en nuestros pensamientos y emociones.

En este sentido, existe una comunicación constante entre nuestra mente y nuestro cuerpo, que se influencian mutuamente de forma continua.

> **Cuerpo y mente forman parte de un mismo sistema en cada persona.**

Este principio tiene raíces en diversas corrientes de pensamiento y teorías tanto filosóficas como científicas. Desde hace siglos, distintas tradiciones y enfoques han planteado la idea de que mente y cuerpo están estrechamente relacionados. La PNL, al adoptar este enfoque integrador, ha permitido observar cómo los estados mentales afectan la salud física y cómo, a su vez, las condiciones del cuerpo pueden influir en nuestra forma de pensar, en nuestras emociones y en nuestro bienestar general.

El estudio de la PNL ha mostrado, de hecho, que la desconexión entre cuerpo y mente puede limitar nuestro crecimiento personal y dificultar el desarrollo de una vida equilibrada y plena.

Una de las corrientes de estudio que aborda esta relación es la psicosomática, un enfoque integrador que explora cómo ciertas enfermedades y condiciones de salud no pueden entenderse exclusivamente desde un punto de vista físico o mental. En este marco, se ha demostrado que en muchos casos existen conexiones estrechas entre aspectos emocionales y mentales, por un lado, y respuestas fisiológicas y corporales, por otro.

Esta interacción puede influir en la aparición, desarrollo o incluso resolución de ciertas afecciones, evidenciando que los síntomas físicos pueden estar ligados a estados emocionales no resueltos.

Figura 1.15. Evitar el estrés mental.

Así, las tensiones mentales o el estrés emocional crónico pueden reflejarse en el cuerpo en forma de molestias, tensiones musculares o enfermedades de diverso tipo, y la PNL ofrece herramientas para reconocer y trabajar estas conexiones.

Otro enfoque significativo en el estudio de las relaciones entre mente y cuerpo es la psiconeuroinmunología, un campo que investiga cómo nuestros pensamientos, sentimientos y emociones, influenciados a su vez por nuestro contexto y ambiente, afectan nuestro sistema inmune y otras funciones corporales. Esta disciplina se centra en entender cómo nuestro cuerpo responde físicamente a las emociones y pensamientos que experimentamos, y cómo el entorno influye en nuestro bienestar físico. Desde la perspectiva de la PNL, el reconocimiento de estas interacciones nos da una oportunidad valiosa para desarrollar una mayor comprensión sobre cómo nos afecta el entorno, y cómo podemos modificar o ajustar nuestras respuestas para favorecer una mejor salud mental y física.

Por tanto, la premisa de que la mente y el cuerpo forman un solo sistema nos invita a tomar consciencia de esta interrelación para entender mejor nuestras acciones y reacciones. Cuando comprendemos que nuestro cuerpo responde a nuestros pensamientos y emociones, y viceversa, somos capaces de abordar nuestras respuestas de manera más holística. Este principio se convierte en un recurso práctico para reconocer la influencia de nuestro estado mental en nuestra postura, en la calidad de nuestros movimientos y en nuestras expresiones faciales, y viceversa. Ser conscientes de esta conexión nos permite desarrollar patrones de conducta y comunicación más efectivos, basados en el reconocimiento de cómo el cuerpo y la mente se retroalimentan para influir en cada aspecto de nuestra vida cotidiana.

Figura 1.16. Conocimiento personal profundo.

Al integrar este enfoque en nuestra vida y formación, nos volvemos más capaces de modificar no solo nuestras respuestas físicas, sino también nuestras actitudes y estados emocionales ante diferentes situaciones. La PNL, en su visión de la mente y el cuerpo como un solo sistema, nos enseña a utilizar el lenguaje y los gestos de una manera más consciente y acorde con nuestro estado interno, promoviendo así un equilibrio que se refleje en todas las áreas de nuestra vida.

Esta conexión mente-cuerpo nos permite, en definitiva, responder de forma adaptativa y positiva a los desafíos diarios, potenciando nuestra capacidad de actuar en armonía con nuestros valores y deseos.

Figura 1.17. Encontrar el equilibrio entre nuestra mente y nuestro cuerpo.

1.2.8. El objetivo de la comunicación es el resultado que produce

Cuando hablamos del objetivo de la comunicación, es fundamental comprender que no se trata únicamente de transmitir información. Más bien, podemos afirmar que el SIGNIFICADO de cualquier comunicación reside en el resultado que genera. Esta idea resalta la importancia de reflexionar sobre el impacto que nuestras palabras, gestos y actitudes tienen en quienes nos rodean.

La comunicación efectiva se mide no solo por la claridad del mensaje, sino también por cómo este mensaje es recibido, interpretado y, en última instancia, por los efectos que produce en la interacción entre las personas.

La capacidad que tenemos las personas para comunicarnos entre nosotras es, sin duda, una de las características que nos distingue de otras especies. Esta habilidad nos permite no solo intercambiar ideas y sentimientos, sino también establecer conexiones profundas y significativas. La comunicación humana es, por tanto, un fenómeno complejo y dinámico que evoluciona a lo largo del tiempo, influenciado por contextos culturales, sociales y personales.

> **A medida que nuestras sociedades cambian, también lo hacen nuestras formas de comunicarnos, adaptándose a nuevas tecnologías, normas sociales y expectativas.**

Podemos entender la comunicación como un proceso de intercambio de ideas que se completa únicamente cuando se han superado todas las fases que intervienen en el acto comunicativo. Este proceso no es lineal; implica una serie de etapas que deben ser atravesadas para garantizar que el mensaje se ha comprendido de manera efectiva.

Figura 1.18. Proceso comunicativo.

Desde la codificación del mensaje hasta su transmisión y decodificación por parte del receptor, cada paso es crucial para que el intercambio tenga éxito.

La comunicación, por tanto, no es solo una cuestión de hablar y escuchar, sino un esfuerzo colaborativo que requiere la participación activa de todas las personas involucradas.

Es importante tener en cuenta que, en todo proceso comunicativo entre personas, pueden surgir malentendidos. Estos malentendidos a menudo son el resultado de las barreras que cada persona puede presentar o provocar en un momento dado.

Por ejemplo, podemos pensar que hemos explicado un concepto de manera clara y suficiente, cuando en realidad, el mensaje no está siendo entendido ni comprendido por la otra parte.

Esta discrepancia pone de manifiesto que la comunicación no se limita a las palabras que pronunciamos; también está influenciada por factores subjetivos y contextuales que pueden dificultar la transmisión del mensaje.

Las barreras en la comunicación humana se relacionan con los conflictos que pueden aparecer a lo largo del propio proceso comunicativo.

Estos conflictos pueden manifestarse de diversas formas, y en la bibliografía sobre comunicación podemos encontrar múltiples enfoques y clasificaciones para entenderlos mejor.

Sin embargo, para resumir, podemos identificar algunos tipos de barreras que merecen atención:

- **Bloqueos:** estos se producen cuando la comunicación entre personas se interrumpe, ya sea por motivos físicos, psicológicos o sociológicos. Un bloqueo puede ser provocado por un ruido ambiental, una distracción o incluso por emociones intensas que impiden que los participantes se escuchen mutuamente.

- **Filtraciones:** en este caso, se comunica solo parte de lo que realmente pensamos sobre el tema en discusión. Este fenómeno ocurre cuando, por diversas razones, decidimos omitir ciertas ideas o sentimientos que podríamos haber expresado, lo que puede llevar a una comprensión incompleta de nuestra posición.

- **Inhibiciones:** a veces, evitamos decir cosas que creemos que no serán bien aceptadas por nuestro o nuestros interlocutores. Esta inhibición puede ser un mecanismo de autoprotección que, aunque útil en ciertos contextos, puede limitar la profundidad y la honestidad de la comunicación.

- **Diferencias culturales o de sistemas de valores:** cuando las personas que participan en un acto comunicativo provienen de trasfondos culturales distintos, las diferencias en las normas y valores pueden dar lugar a malentendidos. Cada cultura tiene su propia forma de interpretar gestos, expresiones y palabras, lo que puede complicar la comunicación.

- **Percepciones erróneas:** a menudo, nuestras percepciones sobre el estado de ánimo de nuestros interlocutores pueden ser incorrectas. Estas percepciones influyen en cómo respondemos y, a su vez, pueden afectar el flujo de la comunicación, generando tensiones innecesarias.

- **Exceso de literalidad:** cuando nos enfocamos demasiado en el significado literal de la comunicación verbal, podemos perder de vista la importancia de la comunicación no verbal. La comunicación no verbal incluye gestos, tonos de voz y expresiones faciales, elementos que aportan gran parte del significado a lo que se dice. Ignorar estos aspectos puede llevar a interpretaciones erróneas del mensaje.

Debemos ser capaces de reconocer que el objetivo de la comunicación se encuentra en el resultado que produce, y esto, nos invita a ser más conscientes de cómo interactuamos con las personas que nos rodean.

Esto implica no solo considerar lo que decimos, sino también prestar atención a cómo nuestras palabras y acciones son recibidas e interpretadas. La PNL nos ofrece herramientas para mejorar nuestras habilidades comunicativas, permitiéndonos identificar y superar barreras que puedan obstaculizar la comprensión mutua.

Al cultivar una comunicación más efectiva y empática, podemos enriquecer nuestras relaciones interpersonales y facilitar un intercambio de ideas que sea realmente significativo y transformador.

Figura 1.19. Comuncación efectiva.

1.3. Análisis de los principales aspectos de la PNL

Teniendo en cuenta lo que hemos explorado hasta este punto, la Programación Neurolingüística (PNL) se compone de tres aspectos fundamentales: programación, neuro y lingüística.

Cada uno de estos componentes juega un papel crucial en el desarrollo de estrategias que facilitan el crecimiento personal y el cambio positivo en la vida de las personas.

La **programación** puede entenderse como un conjunto de acciones y operaciones que llevamos a cabo en la búsqueda de alcanzar un objetivo previamente establecido por nosotros mismos. Este concepto implica que somos capaces de desarrollar patrones de conducta, de pensamiento y de lenguaje que aplicamos para conseguir el éxito en distintas áreas de nuestra vida.

La programación no es un proceso estático; al contrario, se trata de un camino dinámico que nos permite ajustar y modificar nuestras acciones conforme avanzamos hacia nuestras metas.

Para implementar esta programación, resulta esencial el **modelado.** Este término se refiere al proceso de aprendizaje que realizamos a través de la observación y el análisis de modelos de conducta de otras personas o grupos. Estos modelos se convierten en estímulos y fuentes de inspiración para nuestro propio desarrollo personal.

En muchas ocasiones, aprendemos de las conductas de quienes nos rodean, lo que subraya la importancia del entorno en nuestro proceso formativo. Un ejemplo claro de este fenómeno se puede observar en la infancia, cuando los niños y las niñas imitan a los adultos que tienen a su alrededor, replicando conductas que han observado previamente.

Figura 1.20. Conductas aprendidas.

Sin embargo, es importante señalar que no solo modelamos conductas positivas; también podemos aprender de comportamientos negativos. Por esta razón, resulta crucial prestar atención al proceso de modelado y a la programación que realicemos. Si establecemos pautas determinadas, podemos lograr una mayor conciencia sobre el proceso en el que nos encontramos. Esta toma de conciencia nos otorga la libertad de elegir entre las diferentes opciones que se nos presentan para abordar o resolver las situaciones que enfrentamos.

El componente **neuro** se refiere a los procesos que tienen lugar en el sistema nervioso del ser humano. Este aspecto se centra en la fisiología y el funcionamiento del cerebro, permitiéndonos traducir las experiencias y la información que recibimos a través de nuestros sentidos, así como nuestros procesos mentales, tanto en el ámbito consciente como en el inconsciente. Es decir, nos basamos en la transmisión nerviosa que ocurre en nuestro cerebro en respuesta a la percepción de distintos estímulos.

Cada persona percibe la realidad de manera diferente, lo que implica que nuestras capacidades sensoriales también varían. Por tanto, es fundamental recordar que existen tantos modelos de percepción como personas hay en el mundo. Nuestro cerebro tiene la responsabilidad de recibir información del entorno a través de nuestros sentidos y de otorgarle un significado personal. Este proceso es complejo, ya que nuestros hemisferios cerebrales operan de forma independiente o conjunta según la necesidad de resolución que tengamos en un momento determinado. Cada hemisferio del cerebro desempeña funciones específicas:

- **Hemisferio izquierdo:** en este hemisferio encontramos lo que podríamos denominar la «placa base» de cada persona. Aquí se controla el lenguaje, se lleva a cabo el razonamiento lógico, se desarrollan habilidades matemáticas y se ejerce la capacidad de análisis y sentido crítico. Este hemisferio se relaciona con el pensamiento lineal y secuencial, así como con la comunicación digital.

- **Hemisferio derecho:** en el hemisferio derecho se manifiestan la creatividad, la imaginación y la fantasía, así como la capacidad de anticipación. Aquí se gestionan las relaciones espaciales y la síntesis de información. Este hemisferio se caracteriza por su intuición, experiencia emocional y sugestión. Además, en él reside el lenguaje no verbal y gestual, así como las metáforas que enriquecen nuestra comunicación.

Cuando nos comunicamos de manera verbal, enviamos simultáneamente mensajes que complementan nuestras palabras. Expresamos emociones y sentimientos no solo a través de lo que decimos, sino también mediante gestos y otras formas de expresión no verbal.

En este sentido, al comunicarnos, utilizamos en conjunto ambos hemisferios cerebrales. Estos se encuentran interconectados y se complementan, lo que, desde la PNL, nos permite descifrar el lenguaje proveniente de las distintas áreas del cerebro. Este proceso de integración es vital para ayudarnos a cambiar las estrategias comunicativas que utilizamos, enriqueciendo nuestras capacidades de percepción y ampliando nuestros modelos sobre el mundo que nos rodea.

Finalmente, el componente **lingüístico** es esencial en todo este proceso, ya que a lo largo de nuestro desarrollo utilizamos el lenguaje, tanto en su expresión verbal como no verbal, para organizar y dar sentido a nuestras conductas y pensamientos. El lenguaje es la forma de comunicación fundamental del ser humano; es la herramienta que cada persona utiliza para componer su vida y crear su propia historia. Por tanto, se hace imprescindible un aprendizaje, entrenamiento y práctica constante del lenguaje a lo largo de toda nuestra vida.

Figura 1.21. Comunicación verbal.

Cuantas más habilidades comunicativas adquiramos, mayor será el éxito personal en el ámbito de las relaciones interpersonales y profesionales. Este aprendizaje sobre el uso y manejo del lenguaje nos permite comunicarnos de manera más efectiva, tanto con nosotros mismos como con el resto de las personas que nos rodean en los diferentes momentos de nuestra vida.

En los trabajos de investigación que realizaron Bandler y Grinder, se dedicó una gran parte del tiempo y del análisis al uso y mejora del lenguaje como facilitador de los cambios personales.

El lenguaje verbal es común a todas las personas del mundo, a pesar de las diferentes lenguas que existan. Todas compartimos unas reglas lingüísticas, siendo la principal que el lenguaje verbal se produce tanto de manera consciente como inconsciente.

Por un lado, encontramos el contenido de lo que decimos, es decir, las palabras en sí mismas; por otro, está la estructura de las frases, que abarca lo que realmente queremos comunicar con esas palabras, así como el paralenguaje que transmitimos implícitamente.

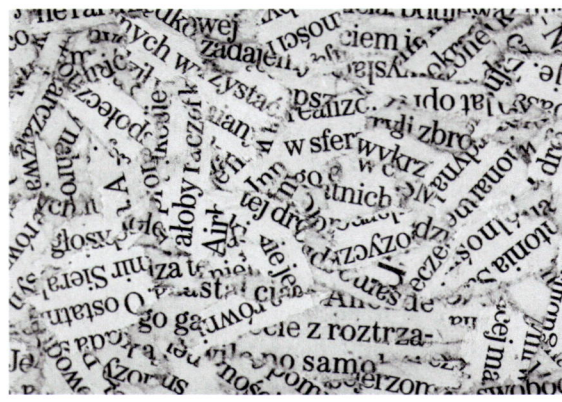

Figura 1.22. Elegimos las palabras.

1.4. Reflexión acerca del error como una herramienta para el cambio

Pararnos a reflexionar sobre el error como una herramienta para el cambio, implica aceptar los errores como parte del proceso de aprendizaje. Igual que anteriormente hablábamos del fracaso como un elemento que debemos interpretar de forma diferente a como lo podemos hacer de partida.

Poder aprender de los errores, ajustar las estrategias en consecuencia y cultivar una cultura de aprendizaje y resiliencia en nosotros mismos, nos permitirá convertir los errores en oportunidades para crecer y mejorar en todos los aspectos de nuestras vidas.

Se dará la circunstancia de que este hecho, en algunas ocasiones, no sea fácil de ver o de entender por nuestra parte. Hay que tener en cuenta que la situación que vivamos, cómo nos afecte mental y emocionalmente, y cómo nos haga sentir definirá nuestra forma de ver e interpretar la situación en concreto.

Por eso no siempre tendremos la misma fuerza ni capacidad para enfrentarlo con las suficientes herramientas que nos permitan superarlo y seguir adelante.

Esto nos va a suponer en muchas ocasiones, ajustar las estrategias y enfoques para evitar cometer el mismo error en el futuro. Nos puede implicar cambiar hábitos, mejorar habilidades o modificar el enfoque en función de lo que se haya aprendido.

El entrenamiento y la reflexión acerca de este aspecto, puede aliviarnos y ayudarnos en el momento en que esto suceda. Aunque no nos garantice el éxito de inicio, sí que nos servirá para afrontarlo de forma adecuada y buscar las herramientas necesarias para resolverlo de la mejor forma posible.

Figura 1.23. Cambiar la estrategia.

1.5. Aplicación del «sintonizar» en nuestras relaciones

En nuestra vida cotidiana, estamos constantemente relacionándonos con otras personas. Esta interacción es esencial, ya que necesitamos de quienes nos rodean para desarrollar nuestras propias vidas, independientemente de si estamos completamente de acuerdo con esta idea o no. La calidad de estas relaciones puede tener un impacto significativo en nuestro bienestar emocional y en nuestra capacidad para alcanzar nuestras metas personales y profesionales.

Cuando hablamos de **«sintonizar»** en nuestras relaciones, nos referimos a la posibilidad de mejorar de manera significativa la calidad de nuestras interacciones con los demás. Sintonizar implica fortalecer los vínculos con las personas que nos rodean y fomentar una comunicación más efectiva y satisfactoria en todos los aspectos de nuestra vida, tanto en el ámbito personal como en el profesional.

Este proceso de sintonización se logra adaptando nuestro comportamiento y estilo de comunicación a los patrones y preferencias de los demás, lo que permite establecer conexiones más auténticas y significativas. El acto de «sintonizar» implica una combinación de **empatía, modelado** y **flexibilidad.** Primero, sintonizar implica comprender y aceptar la perspectiva de la otra persona. Esto se traduce en mostrar un interés genuino por sus preocupaciones y experiencias, así como en demostrar una comprensión auténtica hacia sus emociones. La empatía nos permite conectar a un nivel más profundo, ya que nos ayuda a ver las cosas desde el punto de vista del otro y a validar sus sentimientos, lo que es fundamental para construir relaciones de confianza.

A continuación, sintonizar implica observar y adoptar conscientemente los patrones de comportamiento, lenguaje y estilo de comunicación de la otra persona, un proceso conocido como **modelado.** Este modelado puede incluir la sincronización de nuestro tono de voz, lenguaje corporal y estilo de lenguaje. Por ejemplo, si la otra persona utiliza un tono de voz más suave o un lenguaje más formal, adaptar nuestro propio estilo puede facilitar la creación de una conexión más profunda y generar un ambiente de confianza. Esta adaptación no solo muestra respeto, sino que también puede hacer que la otra persona se sienta más cómoda y entendida durante la interacción.

Finalmente, el acto de «sintonizar» requiere una **flexibilidad** constante para adaptar nuestro comportamiento y comunicación de acuerdo con las necesidades y preferencias de la otra persona. Esto implica una conciencia activa de cómo nuestra forma de interactuar puede influir en la relación y la disposición para hacer ajustes cuando sea necesario. La flexibilidad es clave para mantener una comunicación efectiva; ser capaz de cambiar nuestro enfoque en función de las señales que recibimos del otro nos permite mejorar continuamente el entendimiento mutuo y la calidad de nuestra conexión.

Sintonizar en nuestras relaciones es una habilidad fundamental que puede transformarse en un potente recurso para enriquecer nuestras interacciones con los demás. Al practicar la empatía, el modelado y la flexibilidad, no solo mejoramos la calidad de nuestras relaciones, sino que también contribuimos a crear un ambiente de respeto y colaboración que beneficia a todas las partes involucradas.

Figura 1.24. Hacer por entendernos.

1.6. Identificación de los aspectos que pueden mejorar nuestra comunicación

Es fundamental que exista un proceso de **aprendizaje continuo** en cada persona en relación con el lenguaje y a nuestra forma de comunicarnos, tanto con nosotros mismos como con los demás. La comunicación es una habilidad que se puede desarrollar y perfeccionar con el tiempo, y este aprendizaje constante nos ofrece una serie de beneficios significativos desde el punto de vista comunicativo.

En primer lugar, uno de los beneficios más destacados es el **aumento y mejora de la calidad de la comunicación** que se produce en nuestro día a día. Al ser conscientes de nuestras propias habilidades comunicativas y al trabajar en ellas, logramos que nuestras interacciones sean más claras, efectivas y enriquecedoras. Una comunicación de calidad no solo se traduce en la transmisión de información, sino que también incluye la expresión de emociones y la creación de conexiones más profundas con los demás.

Además, este proceso de aprendizaje continuo contribuye al **aumento del nivel de entendimiento** con las otras personas con las que nos comunicamos. Al mejorar nuestra capacidad de escuchar activamente y de adaptar nuestro lenguaje a las necesidades y estilos de comunicación de los demás, facilitamos un intercambio más fluido y comprensible. Esto, a su vez, ayuda a minimizar malentendidos y a fortalecer las relaciones interpersonales.

Otro aspecto clave es la **influencia directa** que un proceso de comunicación bien ejecutado puede tener sobre los resultados que se obtienen. Cuando somos capaces de articular nuestros pensamientos y emociones de manera efectiva, aumentamos las probabilidades de alcanzar los objetivos deseados en nuestras interacciones. Esto es especialmente relevante en entornos profesionales, donde una comunicación clara puede marcar la diferencia entre el éxito y el fracaso en un proyecto.

El proceso de aprendizaje también conduce al **enriquecimiento del lenguaje** y de la comunicación en general. A medida que ampliamos nuestro vocabulario y exploramos diferentes formas de expresar nuestras ideas, nos volvemos más versátiles y creativos en nuestra comunicación. Este enriquecimiento nos permite adaptarnos a diversas situaciones y personas, lo que resulta en interacciones más dinámicas y estimulantes.

Por último, el desarrollo de habilidades comunicativas no solo potencia nuestro **poder personal,** sino también el de los demás que participan en el proceso comunicativo. Al fomentar un ambiente de comunicación abierta y respetuosa, empoderamos a los otros para que expresen sus pensamientos y sentimientos, lo que contribuye a crear relaciones más equitativas y colaborativas. Esta capacidad de empoderar a otros es esencial en la construcción de equipos efectivos y en la creación de comunidades cohesivas.

En resumen, cuantas más habilidades comunicativas desarrollemos y más practiquemos el lenguaje y la comunicación, mayor será nuestro éxito personal en el ámbito de las relaciones comunicativas. Este crecimiento continuo en nuestras capacidades nos permitirá no solo ser mejores comunicadores, sino también mejorar la calidad de nuestras interacciones, enriquecer nuestras relaciones y alcanzar un mayor entendimiento con quienes nos rodean.

Figura 1.25. Habilidades comunicativas.

1.7. Análisis de nuestro propio mapa

Cada una de nuestras experiencias está compuesta de una **estructura propia** que define cómo percibimos e interpretamos el mundo que nos rodea. Esta singularidad hace que nuestro mapa mental y emocional vaya cambiando y modificándose constantemente con base en lo que nos va ocurriendo a lo largo de la vida.

Las experiencias, interacciones y aprendizajes que acumulamos contribuyen a este proceso de evolución, por lo que es crucial tener en cuenta que nuestro mapa no es estático.

Como ya se mencionó en el apartado sobre «el mapa no es el territorio», es esencial que este mapa evolucione y se amplíe a lo largo de nuestra existencia. De esta manera, lograremos proporcionarnos respuestas y soluciones suficientemente válidas para enfrentar las diversas situaciones que podamos estar experimentando. Cada nuevo desafío, cada éxito o fracaso, cada relación que establecemos, modifica la forma en que nos vemos a nosotros mismos y a los demás, así como nuestra manera de abordar la realidad.

Si no realizamos un **análisis habitual** y una valoración continua sobre nuestro propio mapa, corremos el riesgo de que este se quede pequeño, corto y, en última instancia, no sea útil para enfrentar las posibles situaciones que nos generen un problema o que supongan un reto en nuestras vidas. Es vital reconocer que el aprendizaje y la adaptación son procesos constantes; de lo contrario, nuestra capacidad de respuesta se verá limitada y, por ende, nuestra evolución personal se estancará.

Figura 1.26. Construir nuestro propio mapa.

Es importante entender que ni nuestro mapa es inmutable, ni siempre va a sernos útil y válido cuando hayamos encontrado dos o tres posibles caminos para resolver problemas. Con el tiempo, las estrategias que una vez funcionaron pueden volverse obsoletas o ineficaces ante nuevas circunstancias.

El mapa debe ser un **elemento cambiante y creativo,** donde cada persona trace los caminos y respuestas que mejor se adapten a su momento vital actual.

Por ello, el análisis de nuestro propio mapa implica reflexionar sobre nuestras experiencias pasadas, evaluar cómo han influido en nuestra forma de pensar y actuar, y estar dispuestos a realizar los ajustes necesarios.

Este proceso no solo nos ayuda a entender mejor nuestras reacciones y decisiones, sino que también nos empodera para tomar el control de nuestras vidas y dirigirnos hacia un futuro más satisfactorio.

Además, al analizar nuestro mapa, podemos identificar patrones que pueden ser limitantes o que nos impiden avanzar. Al hacerlo, creamos la oportunidad de **reprogramar** esos patrones y sustituirlos por enfoques más constructivos y positivos.

Este ejercicio de autoevaluación es fundamental para desarrollar una mayor **autoconciencia,** lo que nos permitirá reaccionar de manera más efectiva ante los desafíos y aprovechar al máximo las oportunidades que se nos presentan.

Por tanto, podemos decir que, el análisis de nuestro propio mapa es un proceso continuo y dinámico que requiere **atención** y **compromiso** por nuestra parte.

Al adoptar una mentalidad abierta y flexible, podremos adaptar nuestro mapa a las circunstancias cambiantes de nuestra vida, enriqueciendo así nuestra experiencia y fortaleciendo nuestra capacidad para enfrentar los retos que se nos presenten.

Figura 1.27. Satisfacción personal.

ACTIVIDADES FINALES

ACTIVIDAD 1: «Explorando nuestros mapas»

Objetivo de la actividad: fomentar la reflexión sobre los presupuestos de la PNL, mejorar la comunicación interpersonal y comprender que cada persona tiene una percepción única de la realidad.

Recursos necesarios:

- Hojas de papel o cuadernos.
- Materiales para escribir (bolígrafos, marcadores).
- Pósits de diferentes colores.
- Pizarra o rotafolio.
- Un espacio amplio para que los participantes se muevan y trabajen en grupos.
- (Opcional) Proyector y ordenador para presentaciones breves sobre la PNL.

Descripción de la actividad:

1. Introducción (10 minutos): comienza la clase explicando brevemente qué es la Programación Neurolingüística (PNL), sus orígenes y su importancia.

   Presenta los presupuestos clave de la PNL que se van a trabajar, enfocándote en los siguientes:

   - El mapa no es el territorio.
   - No puedes no comunicar.
   - Un error no es un fracaso.
   - Respeto por el modelo del mundo de las otras personas.
   - Todo comportamiento tiene una intención positiva.

2. Reflexión individual (15 minutos): pide a cada participante que elija uno de los presupuestos mencionados y reflexione sobre cómo se aplica en su vida diaria.

   Deben escribir un breve párrafo sobre:

   - Su interpretación del presupuesto.
   - Un ejemplo personal que ilustre ese principio.

3. Trabajo en parejas (15 minutos): forma parejas y pide que compartan sus reflexiones. Cada persona debe escuchar activamente a su compañero, teniendo en cuenta la idea de que «no puedes no comunicar». Fomenta el uso de lenguaje inclusivo y la expresión de emociones y pensamientos.

ACTIVIDADES FINALES

4. **Dinámica de grupo (30 minutos):** reúne al grupo completo y plantea una dinámica en la que se analice el concepto de «El mapa no es el territorio».

   - Coloca varias preguntas en pósits alrededor de la sala (por ejemplo: «¿Qué percepciones limitantes crees que tienes?», «¿Cómo te afectan las creencias de los demás?», «¿Qué comportamientos positivos pueden surgir de un error?»).

   - Cada participante debe elegir un pósit y reflexionar sobre la pregunta durante 2-3 minutos.

   - Luego, deben compartir sus respuestas en un grupo pequeño (3-4 personas), fomentando el respeto por las diferentes perspectivas.

5. **Cierre y reflexión grupal (10 minutos):** reúne a todos y pide que compartan insights (visiones internas, percepciones) o aprendizajes clave de la actividad. Pregunta cómo pueden aplicar lo aprendido en su vida personal y profesional.

Consideraciones finales:

- Inclusividad: asegúrate de que todas las voces sean escuchadas y valoradas. Fomenta un ambiente donde todos se sientan cómodos compartiendo sus experiencias.

- Flexibilidad: si el tiempo lo permite, puedes extender algunas partes de la actividad para profundizar más en los conceptos.

- *Feedback:* al final de la actividad, puedes solicitar retroalimentación sobre la experiencia para mejorar futuras sesiones.

ACTIVIDADES FINALES

ACTIVIDAD 2: «Transformando errores en oportunidades»

Objetivo de la actividad: ayudar a los participantes a comprender que los errores pueden ser oportunidades para aprender y mejorar, así como fomentar habilidades de comunicación y respeto por las diferentes perspectivas.

Recursos necesarios:

- Hojas de papel o cuadernos.
- Materiales para escribir (bolígrafos, lápices).
- Pósits de diferentes colores.
- Pizarrón o rotafolio.
- Un espacio amplio para que los participantes se muevan y trabajen en grupos.

Descripción de la actividad:

1. Introducción (10 minutos): inicia la clase recordando a los participantes los presupuestos de la PNL relacionados con la comunicación y la percepción de los errores. Resalta los siguientes:

   - Un error no es un fracaso, es tan solo una oportunidad para mejorar.
   - Respeto por el modelo del mundo de las otras personas.
   - Todo comportamiento tiene una intención positiva.

2. Reflexión individual (10 minutos): pide a cada participante que escriba un breve relato sobre un error que hayan cometido en el pasado y cómo este los ayudó a crecer o a aprender algo nuevo. Deben considerar lo siguiente:

   - ¿Cuál fue el error?
   - ¿Qué aprendí de esa experiencia?
   - ¿Cómo cambió mi perspectiva sobre el error?

3. Trabajo en grupos pequeños (20 minutos): forma grupos de 3 a 4 personas y pide que compartan sus relatos sobre los errores y aprendizajes. Estimula la escucha activa, recordando que cada persona tiene una visión única del mundo. Asegúrate de que se utilice un lenguaje inclusivo y respetuoso durante las comparticiones.

4. Dinámica «Errores y Oportunidades» (30 minutos):

   - Proporciona a cada grupo un conjunto de pósits y pídeles que anoten ejemplos de errores comunes en diferentes contextos (trabajo, escuela, relaciones personales, etc.).

ACTIVIDADES FINALES

- Luego, cada grupo debe elegir un error y transformarlo en una oportunidad. Deben escribir en un nuevo pósit cómo se puede cambiar la narrativa del error para enfocarse en el aprendizaje y la mejora.

- Invita a cada grupo a compartir su error y su transformación con el resto del grupo.

5. Cierre y reflexión grupal (10 minutos): reúne a todos los participantes y plantea preguntas para reflexionar sobre la actividad, tales como:

- ¿Qué aprendí sobre mí mismo?

- ¿Cómo puedo aplicar lo aprendido en mi vida diaria?

- ¿De qué manera puedo apoyar a los demás en su proceso de transformación de errores en oportunidades?

Consideraciones finales:

- Inclusividad: asegúrate de que todas las voces sean escuchadas y que se fomente un ambiente seguro para compartir experiencias personales.

- Flexibilidad: ajusta el tiempo de cada sección según la dinámica del grupo y su interés en profundizar en los temas discutidos.

- *Feedback:* puedes terminar solicitando retroalimentación sobre la actividad para mejorar futuras sesiones.

Esta actividad no solo permite a los participantes reflexionar sobre sus errores, sino que también los ayuda a desarrollar una mentalidad de crecimiento y a fortalecer sus habilidades de comunicación y empatía.

ACTIVIDADES FINALES

TEXT DE EVALUACIÓN

1.1. **¿Cuál es el origen de la Programación Neurolingüística (PNL)?**

a) Se desarrolló en la década de 1980, en Francia.

b) Surgió en la década de 1970, en Estados Unidos.

c) Se originó en la década de 1960, en Alemania.

1.2. **¿Qué significa el principio «el mapa no es el territorio»?**

a) Nuestra percepción de la realidad es solo una representación, no la realidad en sí.

b) La realidad siempre es igual a nuestra percepción de ella.

c) Los mapas son más importantes que la realidad.

1.3. **Según la PNL, ¿qué se puede afirmar acerca de la comunicación?**

a) Es imposible no comunicar.

b) La comunicación es opcional en las interacciones humanas.

c) La comunicación solo ocurre cuando hablamos.

1.4. **¿Cuál de las siguientes afirmaciones describe mejor la creencia de que «un error no es un fracaso»?**

a) Cometer errores es un signo de incompetencia.

b) Los errores son oportunidades para mejorar y aprender.

c) Los errores deben ser evitados a toda costa.

1.5. **En el contexto de la PNL, ¿qué significa tener «respeto por el modelo del mundo de otras personas»?**

a) Valorar y entender las perspectivas y creencias de los demás.

b) Ignorar las opiniones de los demás.

c) Imponer nuestras ideas sobre los demás.

1.6. **¿Cuál es la intención positiva detrás de todo comportamiento, según la PNL?**

a) Todo comportamiento tiene la intención de ser perjudicial.

b) La mayoría de los comportamientos son aleatorios y sin sentido.

c) Cada comportamiento tiene un propósito que busca satisfacer una necesidad o deseo.

A C T I V I D A D E S   F I N A L E S

1.7. **Si lo que estás haciendo no funciona, ¿qué sugiere la PNL?**

a) Hacer otra cosa y probar diferentes enfoques.

b) Rendirse y aceptar el fracaso.

c) Continuar haciendo lo mismo.

1.8. **Según la PNL, ¿cómo se relacionan la mente y el cuerpo?**

a) Son partes del mismo sistema que se influyen mutuamente.

b) La mente es más importante que el cuerpo.

c) Son sistemas independientes que no interactúan.

1.9. **¿Cuál es el objetivo principal de la comunicación según la PNL?**

a) Hacer que los demás nos escuchen sin importar sus necesidades.

b) El resultado que se produce en la otra persona.

c) Expresar nuestras ideas sin considerar la respuesta de los demás.

1.10. **¿Qué aspecto de la PNL se refiere a la reflexión acerca del error como herramienta para el cambio?**

a) Reflexionar sobre los errores nos ayuda a aprender y adaptarnos.

b) Los errores son siempre negativos.

c) Los errores deben ser ignorados.

1.11. **¿Cómo se puede aplicar el «sintonizar» en nuestras relaciones?**

a) Aumentando las diferencias para destacar.

b) Comprendiendo y conectando con los sentimientos y necesidades de los demás.

c) Ignorando las emociones de los demás para ser más racionales.

1.12. **¿Qué aspecto de la PNL se centra en mejorar la comunicación?**

a) Usar siempre el mismo estilo de comunicación.

b) Hablar solo de nuestros intereses.

c) Identificar y trabajar en las áreas que afectan nuestra forma de comunicarnos.

1.13. **El análisis de nuestro propio mapa implica:**

a) Comparar nuestras experiencias con las de los demás.

b) Mantener nuestras creencias sin cuestionarlas.

c) Entender cómo nuestras percepciones afectan nuestras decisiones y comportamientos.

ACTIVIDADES FINALES

1.14. **¿Qué se busca con el análisis de los principales aspectos de la PNL?**

a) Conocer la teoría sin aplicarla en la práctica.

b) Solo aprender sobre los errores de los demás.

c) Comprender cómo aplicar la PNL para mejorar nuestras vidas y relaciones.

1.15. **¿Qué herramienta ofrece la PNL para enfrentar el error?**

a) Ignorar los errores y seguir adelante sin reflexionar.

b) Repetir constantemente los mismos errores sin aprender.

c) Utilizar los errores como oportunidades para el crecimiento personal.

Los sistemas representativos

Esta unidad profundiza en los sistemas sensoriales que usamos para percibir el mundo: visual, auditivo, kinestésico, gustativo y olfativo. Aprenderemos cómo influyen en nuestro estilo de aprendizaje y comunicación, cómo identificar nuestro canal preferente y el de los demás, y cómo usar esta información para mejorar la enseñanza, la memoria y la gestión emocional.

Contenido

2.1. Modalidades perceptivas y sistemas representativos

De forma general, las personas utilizamos diferentes **modalidades perceptivas** y **sistemas representativos,** aunque de manera desigual. Esto significa que, si bien todos tenemos la capacidad de percibir el mundo a través de nuestros sentidos, tendemos a potenciar más algunas modalidades mientras dejamos de lado otras. Estas modalidades incluyen, entre otras, la visual, auditiva y kinestésica, y cada persona tiende a favorecer una o dos de estas en su vida cotidiana.

Cada una de estas modalidades está compuesta por una serie de **submodalidades** que se refieren a las formas específicas en que cada individuo interpreta y entiende el mundo en el que se desenvuelve. Por ejemplo, una persona que utiliza predominantemente la modalidad visual podría describir sus experiencias utilizando imágenes y colores, mientras que alguien que prefiere la modalidad auditiva podría centrarse más en los sonidos y el lenguaje.

> **Estas diferencias en la percepción no solo afectan cómo experimentamos el entorno, sino que también influyen en cómo nos comunicamos y conectamos con los demás.**

Esta diversidad de modalidades perceptivas tiene un impacto directo en nuestros comportamientos y patrones, tanto físicos como mentales. Cuando una persona se enfrenta a una situación, su modalidad preferida guiará su interpretación y reacción. Por ejemplo, alguien que es predominantemente kinestésico podría reaccionar ante una situación estresante sintiendo una tensión física, mientras que una persona visual podría enfrentarse a la misma situación analizando mentalmente lo que está sucediendo.

Es fundamental reconocer que estas modalidades están unidas en ese «cuerpo y mente» del que hemos hablado anteriormente. Esto significa que nuestros procesos mentales y experiencias físicas están interrelacionados. Las emociones y pensamientos que experimentamos se manifiestan físicamente en nuestro cuerpo, y viceversa. Por lo tanto, comprender nuestras modalidades perceptivas nos permite no solo conocernos mejor, sino también comprender cómo interactuamos con el mundo y cómo podemos mejorar nuestras habilidades de comunicación y conexión con los demás.

Además, ser conscientes de nuestras propias modalidades y las de los demás puede enriquecernos enormemente en nuestras

Figura 2.1. Estar en movimiento.

relaciones interpersonales. Al reconocer que cada persona tiene su propia forma de interpretar la realidad, podemos adaptar nuestra comunicación para conectar de manera más efectiva. Esto implica observar y escuchar activamente a los demás, ajustando nuestro lenguaje y estilo de comunicación para alinearnos con sus modalidades perceptivas preferidas.

Figura 2.2. Cuerpo y mente.

Por otro lado, también es importante trabajar en el desarrollo de modalidades que no utilizamos con tanta frecuencia. Al expandir nuestras capacidades perceptivas, podemos abrir nuevas puertas a la comprensión y la experiencia, lo que enriquece nuestra vida personal y profesional. Por ejemplo, practicar la escucha activa puede ayudarnos a ser más receptivos a las experiencias auditivas, mientras que la meditación o el *mindfulness* pueden profundizar nuestra conexión kinestésica con el cuerpo y las emociones.

El estudio de las modalidades perceptivas y los sistemas representativos no solo nos proporciona una mejor comprensión de nosotros mismos, sino que también nos capacita para comunicarnos de manera más efectiva y empatizar con los demás. Al ser conscientes de nuestras propias preferencias y las de quienes nos rodean, podemos crear interacciones más ricas y significativas, mejorando nuestras relaciones y nuestra calidad de vida.

2.1.1. Visual (V)

En este sistema, las personas tienden a pensar y representar la información de manera visual, utilizando imágenes mentales que crean en su cabeza. Esta forma de procesar la información no solo afecta la manera en que comprenden el mundo, sino que también influye en su comunicación y comportamiento diario.

Las personas con predominancia en el sistema visual suelen tener características físicas y verbales que las distinguen de los demás.

Desde el punto de vista físico, podríamos hablar de personas con las siguientes posibles características:

- **Inclinación habitual de la cabeza hacia delante:** esta postura puede indicar que están concentradas en lo que están viendo o imaginando, como si estuvieran tratando de visualizar más claramente la información.

- **Hombros elevados:** la tensión en los hombros puede ser un reflejo de la intensidad con la que están procesando visualmente la información.

- **Caminar con la punta de los pies más que con el pie apoyado completamente:** este tipo de caminar puede mostrar una forma de moverse con ligereza, como si estuvieran en constante exploración de su entorno visual.

- **No se expresan demasiado corporalmente:** las personas visuales a menudo pueden parecer más contenidas en su expresión física, centrándose más en las imágenes que están formando en su mente.

- **Parpadeo rápido de ojos:** un parpadeo más rápido puede ser un signo de que están en un estado de alta alerta visual, procesando rápidamente la información visual que tienen delante.

- **Utilizan palabras y frases en las que hay mucha referencia a imágenes o visiones:** frases como «ver las cosas de manera diferente» o «tengo una imagen clara de esto» son comunes en su discurso, reflejando su enfoque visual.

- **Hay un gran movimiento de las manos para ilustrar o «dibujar» las imágenes que transmiten:** estos movimientos ayudan a enfatizar lo que están comunicando y a proporcionar una representación visual de sus ideas.

- **Respiraciones rápidas y superficiales:** esto puede ser un indicativo de su excitación o ansiedad en la búsqueda de una visualización clara de la información.

- **Retención del aire respirado para observar algo mientras se construye una imagen interna:** este comportamiento puede reflejar un momento de concentración profunda en la creación de imágenes mentales.

Figura 2.3. Aspecto visual.

Desde el punto de vista verbal, podríamos encontrar que estas personas utilizan principalmente las siguientes palabras o expresiones:

- **Ver:** utilizan esta palabra para describir la percepción visual de ideas o situaciones.

- **Mirar:** indica una acción de prestar atención a algo que requiere visualización.

- **Echar un vistazo:** refleja una forma rápida y ligera de observar, típica en personas visuales que procesan la información rápidamente.

- **Enfocar:** relacionado con la idea de centrar la atención en una imagen o idea particular.

- **Imaginar:** expresa la capacidad de visualizar conceptos que no están presentes físicamente.

- **Ojeada:** hace referencia a una observación rápida, pero efectiva, típica de quienes procesan la información visualmente.

- **Reconocer:** implica identificar visualmente algo que se ha visto antes, mostrando la conexión entre la memoria visual y la percepción actual.

- **Ilustrar:** refleja la necesidad de dar forma visual a las ideas, utilizando imágenes o representaciones.

- **Tener vista:** una expresión que se refiere a la capacidad de observar o notar detalles visuales.

- **Avisar:** muchas veces implica la comunicación de lo que han visto, alertando a otros sobre algo visualmente relevante.

- **Gráficos:** suelen recurrir a gráficos y diagramas como herramientas esenciales para expresar ideas visualmente.

Así pues, las personas que predominan en el sistema visual tienen una forma particular de interpretar y comunicarse con el mundo que las rodea, destacándose por su uso del lenguaje visual y su comportamiento característico.

Al comprender estas características, podemos mejorar nuestra capacidad de conexión y comunicación con ellos, facilitando interacciones más efectivas y enriquecedoras.

Figura 2.4. Elementos visuales en la comunicación.

2.1.2. Auditiva (A)

En este sistema de representación, las personas se basan principalmente en el pensamiento o el recuerdo a través de sonidos, voces y ruidos característicos. Aquellos que utilizan predominantemente este sistema auditivo tienden a aprovechar su sentido del oído para procesar la información y comunicarse. Este enfoque auditivo influye en sus comportamientos y en la manera en que interactúan con el mundo que los rodea.

Desde el punto de vista físico, las personas auditivas podrían presentar las siguientes características:

- **Hombros balanceados:** una postura relajada y equilibrada que puede reflejar una disposición tranquila y receptiva a los sonidos y voces que les rodean.

- **Cabeza inclinada más hacia atrás:** este gesto puede indicar que están escuchando activamente, permitiendo una mejor recepción de los estímulos auditivos.

- **Realizan movimientos suaves y poco enérgicos:** sus movimientos pueden ser sutiles y fluidos, reflejando una naturaleza más calmada y contemplativa.

- **Poseen un tórax más desarrollado:** este desarrollo puede estar relacionado con una mayor capacidad respiratoria, lo que les permite manejar mejor el flujo de aire y los sonidos.

- **Suelen señalarse frecuentemente los oídos y los labios:** estas acciones pueden ser una forma de subrayar la importancia que dan a la comunicación auditiva y a la articulación de sonidos.

- **Tienen una respiración regular, tranquila y mayormente torácica:** una respiración controlada y serena puede ser un signo de su enfoque en el sonido y la escucha activa, lo que les permite mantenerse centrados en su entorno auditivo.

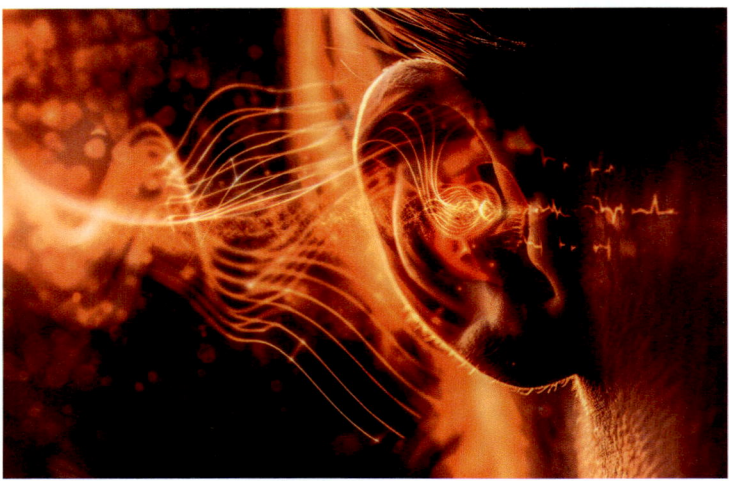

Figura 2.5. Aspecto auditivo.

Desde el punto de vista verbal, podríamos encontrar que estas personas utilizan principalmente las siguientes palabras o expresiones:

- **Escuchar:** indica la acción activa de prestar atención a los sonidos y voces, reflejando su enfoque en la comunicación auditiva.

- **Barullo:** esta palabra denota la percepción de un ruido caótico o desordenado, lo que puede resultar molesto para aquellos que son muy sensibles a los sonidos.

- **Susurro:** la referencia a un habla suave y baja, que denota intimidad y conexión en la comunicación.

- **Ruidoso:** un término que indica un nivel alto de sonido, mostrando su conciencia del volumen en su entorno.

- **Atronador:** este término describe un sonido fuerte y resonante, que puede afectar su experiencia auditiva.

- **Estruendo:** alude a un ruido fuerte y repentino, que puede sobresaltar a las personas auditivas, quienes prefieren ambientes sonoros más controlados.

- **Gritar:** un término que sugiere un aumento en el volumen y la intensidad de la voz, que puede ser percibido de manera negativa por personas auditivas sensibles.

- **Prestar atención:** una expresión que destaca la importancia de enfocarse en lo que se está escuchando, reflejando su compromiso con la comunicación.

- **Murmurar:** se refiere a hablar en voz baja, lo que puede ser visto como una forma de compartir información de manera más privada.

- **Mencionar:** una palabra que implica la acción de hacer referencia a algo a través de la comunicación verbal.

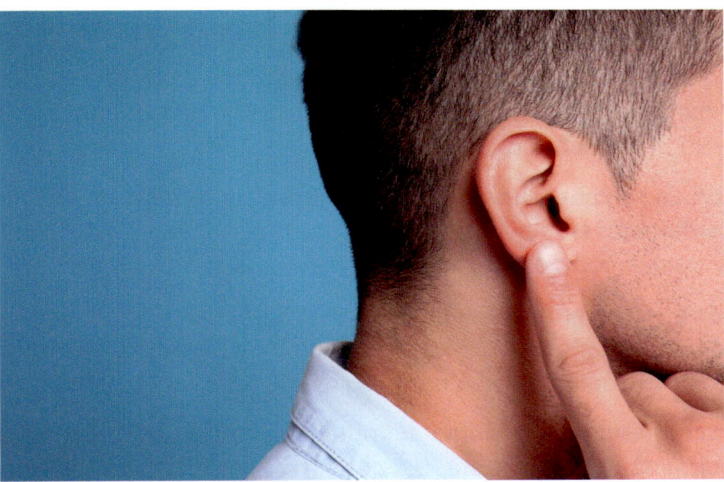

Figura 2.6. Elementos auditivos en la comunicación.

- **Rítmico:** este término describe patrones de sonido que son agradables y agradables para aquellos que procesan la información auditivamente.

- **Preguntar:** una acción esencial en la comunicación que indica curiosidad y deseo de aclarar información a través del diálogo.

Las personas en las que predomina el sistema auditivo tienen una forma particular de interpretar y comunicarse con el mundo.

Su enfoque en los sonidos y la comunicación verbal no solo afecta cómo perciben su entorno, sino que también influye en cómo interactúan con los demás.

Al comprender estas características, podemos mejorar nuestra capacidad de conexión y comunicación con ellas, facilitando interacciones más efectivas y significativas.

2.1.3. Kinestésica (K)

El sistema de representación kinestésica se caracteriza por la manera en que las personas representan sus pensamientos como sentimientos internos o sensaciones físicas. Esta modalidad incluye no solo las emociones, sino también la percepción del sabor y el olor, lo que enriquece su experiencia del mundo.

Aquellas personas en las que predomina este sistema tienden a procesar la información a través de sus sensaciones corporales, lo que les permite una conexión más profunda con su entorno.

Desde el punto de vista físico, las personas que utilizan este sistema de representación pueden presentar las siguientes características:

- **Hombros algo bajos o caídos:** esta postura puede indicar una disposición más relajada y una apertura a las experiencias emocionales y sensoriales.

- **Realizan movimientos y gestos seguros, tranquilos y pausados:** sus gestos tienden a ser medidos, lo que refleja una forma consciente de interactuar con su entorno y las personas que los rodean.

- **La posición de su cabeza está bastante asentada y estable sin inclinarse hacia un lugar determinado:** esto puede ser un signo de confianza y estabilidad emocional, ya que se sienten cómodos en su piel y en el espacio que ocupan.

- **Sus gestos suelen ser más hacia sí mismos y tienden a tocar a los demás mientras hablan:** este comportamiento puede ser una forma de crear conexión y cercanía, utilizando el contacto físico como un medio para expresar sus sentimientos.

- **Su respiración es suave, abdominal, tranquila y profunda:** una respiración controlada y abdominal indica un estado de calma y presencia, lo que les permite estar en sintonía con sus sensaciones internas.

© Ediciones Paraninfo

- **Desarrollan lentitud en sus respuestas, tanto motoras como verbales:** esta lentitud puede ser un signo de reflexión y de tomarse su tiempo para procesar la información, permitiéndoles conectar más profundamente con sus emociones.

- **Suelen moverse desde su zona media troncal y dan la sensación de mantenerse relajados:** este movimiento centrado puede denotar un equilibrio interno y una forma de estar en el momento presente, conectándose con sus sensaciones y emociones de manera auténtica.

Figura 2.7. Aspecto sensorial.

Desde el punto de vista verbal, podríamos encontrar que estas personas utilizan principalmente las siguientes palabras o expresiones:

- **Sentir:** este término resalta su conexión con las emociones y su forma de experimentar la vida a través de sus sensaciones internas.

- **Emotivo:** una palabra que refleja su capacidad para experimentar y expresar sentimientos intensos y profundos.

- **Feliz:** un estado emocional que indica satisfacción y alegría, que puede estar ligado a experiencias sensoriales agradables.

- **Tocado:** este término puede referirse tanto a un contacto físico como a una experiencia emocional que les ha impactado de manera significativa.

- **Sostener:** refleja su deseo de mantener una conexión o apoyo, ya sea físico o emocional.

- **Sensible:** una característica que destaca su capacidad para percibir y responder a las emociones y sensaciones tanto propias como ajenas.

- **Insensible:** este término puede surgir en contraste con su naturaleza sensible, indicando momentos en los que pueden desconectarse de sus emociones.

- **Tragar:** un término que puede relacionarse con la experiencia física de la alimentación o con la absorción de emociones y experiencias.

- **Mover:** indica la acción de cambiar de lugar, pero también puede referirse a la movilidad emocional que experimentan.

- **Rozar:** esta palabra describe un contacto sutil, que puede ser tanto físico como emocional, creando una conexión delicada.

- **Pegar:** este término puede aludir al contacto físico más directo o a la forma en que se relacionan con las experiencias de la vida.

- **Temblar:** una expresión que puede reflejar la respuesta física a una fuerte emoción, indicando una conexión visceral con sus sentimientos.

Las personas en las que predomina el sistema kinestésico tienen una manera única de interactuar con el mundo que las rodea. Su enfoque en las sensaciones y las emociones les permite establecer conexiones profundas y significativas.

Al entender estas características, podemos comunicarnos de manera más efectiva y empatizar mejor con su forma de experimentar la vida.

Figura 2.8. Recepción sensorial.

2.1.4. Gustativa (G)

En la amplia bibliografía existente sobre la percepción sensorial, se hace referencia a que la categoría gustativa se engloba dentro de la parte cinestésica, que a su vez se diferencia levemente de la parte kinestésica. Sin embargo, en la mayoría de los textos actuales, se tiende a considerar únicamente la parte kinestésica como representativa de esta experiencia sensorial. A pesar de ello, el modelo de representación gustativa se enfoca específicamente en cómo las personas utilizan el sentido del gusto para representar y codificar la información en su mente, convirtiéndose en una dimensión singular de la experiencia humana.

Las personas que predominan en el sistema gustativo suelen ser especialmente sensibles a las experiencias relacionadas con el gusto. Por ejemplo, pueden mostrar una conciencia aguda de los sabores y texturas de los alimentos, disfrutando de la variedad que la gastronomía ofrece. Esta sensibilidad se refleja en su forma de comunicarse, utilizando un lenguaje que pone énfasis en la experiencia gustativa, como expresiones que pueden incluir «esto tiene un sabor agridulce» o «me gusta el sabor salado».

Estas descripciones no solo indican preferencias, sino que también muestran una conexión emocional con la comida y cómo afecta sus estados de ánimo.

De igual manera, quienes tienen un enfoque en la representación gustativa suelen mostrar sensibilidad y atención hacia los estímulos relacionados con el gusto, lo que se manifiesta de varias maneras. Por ejemplo, pueden experimentar reacciones evidentes en su expresividad facial al comer, lo que demuestra su conexión íntima con la experiencia sensorial. Esto puede incluir sonrisas de satisfacción, arrugas de la nariz al probar algo desagradable o una mirada de curiosidad al descubrir nuevos sabores.

Asimismo, su sensibilidad también se extiende a los olores, ya que el sentido del gusto está intrínsecamente ligado al olfato. Esta conexión se traduce en un interés particular por las fragancias que acompañan a los alimentos, lo que puede influir en sus elecciones culinarias. Su capacidad para describir sabores es notable, y suelen ofrecer relatos detallados sobre lo que experimentan, desde las notas sutiles hasta las características más pronunciadas de un plato.

Además, estas personas tienden a explorar activamente la comida, no solo limitándose a consumirla, sino también dedicando tiempo a saborearla, analizar su composición y disfrutar de la experiencia en su totalidad. Esto implica un proceso de degustación consciente, donde cada bocado se convierte en una oportunidad para apreciar matices y sutilezas.

Figura 2.9. Aspecto gustativo.

Por último, poseen una memoria sensorial vívida, recordando sabores y experiencias pasadas con gran claridad. Este tipo de memoria les permite evocar momentos asociados con ciertos alimentos, lo que puede desencadenar emociones y recuerdos significativos. Por ejemplo, pueden recordar un plato específico que les fue servido en una celebración familiar o un sabor que les transporta a una experiencia de viaje, lo que resalta la profundidad de su conexión con el gusto.

La representación gustativa es un componente valioso de la experiencia humana que permite a las personas conectar con el mundo a través de sus sentidos. Aquellos que predominan en esta modalidad no solo disfrutan de la comida, sino que también enriquecen sus interacciones sociales y sus recuerdos a través de una atención consciente a los sabores y texturas que experimentan.

2.1.5. Olfativa (O)

En el modelo de representación olfativa, las personas que predominan en este sistema suelen ser notablemente más sensibles a las experiencias relacionadas con el olfato. Tienen una conciencia aguda de los olores del ambiente que los rodea y pueden asociar ciertos aromas con recuerdos y emociones específicas, lo que les permite tener una conexión profunda con su entorno.

Estas personas poseen una sensibilidad excepcional hacia los olores, a menudo detectando fragancias sutiles que otras podrían pasar por alto. Su capacidad para distinguir entre diferentes aromas es notable, lo que les permite reconocer matices que podrían resultar imperceptibles para la mayoría. Esta habilidad no solo enriquece su experiencia sensorial, sino que también les permite disfrutar de la complejidad del mundo a su alrededor.

Cuando perciben olores, es común observar que muestran expresiones faciales significativas. Por ejemplo, al encontrarse con olores desagradables, pueden arrugar la nariz o fruncir el ceño, evidenciando su desagrado. En contraste, ante aromas agradables, es habitual que se relajen y sonrían, reflejando su placer y satisfacción. Estas reacciones faciales no solo comunican su respuesta emocional al olor, sino que también pueden influir en las reacciones de quienes los rodean, creando un ambiente más interactivo y dinámico.

Además, quienes se inclinan hacia el sistema olfativo suelen tener asociaciones emocionales vívidas con ciertos olores. Los aromas pueden evocar recuerdos intensos, como el olor a galletas recién horneadas que recuerda la infancia, o el aroma de un perfume que rememora a un ser querido. Estas conexiones pueden influir en su estado de ánimo y estado emocional, transformando la experiencia cotidiana en momentos de reflexión y conexión personal.

Este vínculo entre el olfato y la emoción se debe a la proximidad de las áreas olfativas del cerebro con el sistema límbico, la parte del cerebro que está involucrada en la regulación de las emociones y la memoria.

Por ello, los olores pueden actuar como potentes desencadenantes de recuerdos, llevando a la persona a revivir experiencias pasadas con una intensidad emocional significativa. Esto puede resultar en una experiencia profundamente enriquecedora, donde cada aroma se convierte en un hilo que teje su historia personal.

El sistema de representación olfativa ofrece a las personas una forma única de interactuar con el mundo que las rodea. A través de su sensibilidad a los olores, no solo enriquecen su percepción sensorial, sino que también establecen conexiones emocionales que pueden influir en su bienestar y estado de ánimo.

Al prestar atención a los aromas, logran crear un ambiente lleno de significado, donde cada olor puede contar una historia y evocar recuerdos, haciendo que su experiencia de vida sea aún más rica y profunda.

Figura 2.10. Aspecto olfativo.

2.2. El aprendizaje según los sistemas representativos

La PNL se puede aplicar en cualquier momento de la vida de una persona. Este sería el concepto básico sobre el que deberíamos trabajar. Pero en cualquier caso y situación aplicar la PNL, implica que haya un proceso de cambio.

La persona ha de enfrentarse a su responsabilidad, al análisis de la situación actual y ha de plantearse el objetivo que desea conseguir para no perderlo de vista en este proceso de cambio que va a ejecutar.

Utilizando los sistemas representativos que hemos explicado anteriormente, se construyen los mapas de la realidad de cada persona, haciendo hincapié en el ambiente que la rodea y el contexto en el que se desenvuelven.

A lo largo de ese proceso de cambio, se darán diferentes tipos de aprendizajes, los cuales combinan grados de competencia y de consciencia. Así pues, encontramos la siguiente clasificación de aprendizajes:

- Competencia consciente

- Competencia inconsciente

- Incompetencia inconsciente

- Incompetencia consciente

Figura 2.11. Uso de sistemas representativos.

2.3. Pistas de acceso ocular

Según la PNL, cuando una persona dirige la mirada hacia arriba, abajo, hacia la derecha o la izquierda, esto puede indicar qué tipo de información está procesando en ese momento. Se denomina pistas de acceso ocular, y aunque no están fundamentadas en bases científicas concretas, se refieren a ciertas direcciones de la mirada que se cree que están relacionadas con procesos mentales específicos.

De forma general, la interpretación que se hace desde la PNL sería la siguiente:

- **Arriba a la izquierda:** se asocia con la visualización de imágenes. Cuando una persona mira hacia arriba y a la izquierda, podría estar recordando o imaginando algo visualmente.

- **Arriba al centro:** se relaciona con el procesamiento de imágenes en movimiento o pensamientos visuales abstractos.

- **Arriba a la derecha:** se vincula con la construcción de imágenes mentales futuras o creativas.

- **Centro a la izquierda:** asociado con la escucha interna o la conversación consigo mismo.

- **Centro a la derecha:** se relaciona con el diálogo interno o la conversación consigo mismo.

- **Abajo a la izquierda:** se asocia con la recuperación de recuerdos auditivos o sensaciones táctiles.

- **Abajo al centro:** relacionado con el diálogo interno sobre sentimientos o emociones.

- **Abajo a la derecha:** se vincula con la construcción de sonidos o palabras internamente.

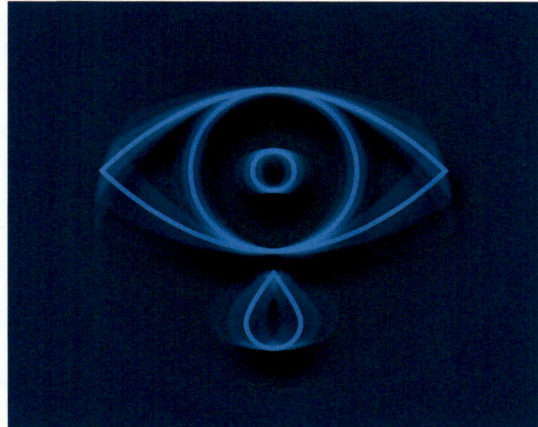

Figura 2.12. El lenguaje visual.

2.4. Submodalidades

En muchas ocasiones, utilizamos elementos sensoriales internos para codificar y darle significado a nuestras experiencias mentales. Estos elementos, que forman parte de nuestro proceso de percepción y representación, son conocidos como submodalidades.

Las submodalidades son características específicas que nos permiten matizar y personalizar nuestras experiencias, y pueden variar de persona a persona, lo que contribuye a la unicidad de cada individuo.

Estas características incluyen aspectos como el tamaño, la forma, el color, el brillo, el volumen, la ubicación, la distancia y la velocidad de las imágenes, sonidos y sensaciones que formamos en nuestra mente, entre otros factores. Por ejemplo, si estamos recordando una imagen mental de una experiencia pasada, las submodalidades podrían incluir detalles como la nitidez de la imagen, si está en color o en blanco y negro, si es brillante u opaca, y dónde aparece la imagen en tu campo visual interno.

Cada uno de estos elementos afecta la forma en que vivimos y revivimos nuestras experiencias, modelando nuestras emociones y reacciones ante ellas.

Desde la PNL (Programación Neurolingüística), se presta especial atención a cómo cambiar estas submodalidades para poder influir en la forma en que experimentamos y respondemos a diferentes situaciones. La PNL reconoce que las submodalidades no son fijas; por el contrario, pueden ser modificadas intencionalmente para alterar la percepción y la respuesta emocional de una persona. Por ejemplo, si alguien tiene una fobia a las arañas, un practicante de PNL podría trabajar cambiando las submodalidades de la imagen mental de una araña, como hacerla más pequeña, menos brillante, más lejana, o incluso convertirla en un dibujo en lugar de una imagen realista.

Este cambio en las submodalidades puede ayudar a reducir o eliminar la intensidad de la fobia, permitiendo que la persona enfrente la situación con una respuesta emocional más equilibrada.

Manipular las submodalidades se convierte así en una de las técnicas más efectivas utilizadas en la PNL para ayudar a las personas a cambiar sus respuestas emocionales y conductuales ante diversas situaciones. Al cambiar la forma en que una persona percibe mentalmente una experiencia, se pueden lograr cambios significativos en su comportamiento y bienestar emocional.

Este enfoque se considera una herramienta poderosa para el cambio y el desarrollo personal, ya que permite a las personas deshacerse de patrones de pensamiento limitantes y adoptar nuevas perspectivas más saludables y constructivas.

Además, al trabajar con submodalidades, las personas pueden mejorar su autoconciencia, identificando cómo ciertas representaciones internas afectan su estado emocional y sus acciones. Este proceso de toma de conciencia puede facilitar un mayor control sobre las emociones y reacciones, permitiendo que las personas se sientan empoderadas en su vida cotidiana.

Las submodalidades son un componente crucial en la comprensión de cómo construimos nuestras experiencias mentales, y su manipulación se convierte en un medio efectivo para fomentar el crecimiento personal y mejorar la calidad de vida.

Figura 2.13. Mantener una buena salud mental.

2.5. Descripción de los sistemas representativos

Ya hemos explicado anteriormente los diferentes sistemas representativos y las características que tienen cada uno de los distintos modelos que conocemos.

Pero por recordar brevemente, diremos que la comprensión de los sistemas representativos es útil en la PNL porque nos permite adaptar nuestra comunicación y comprender mejor a los demás.

Por ejemplo, si estamos tratando de transmitir información a alguien que es predominantemente visual, es útil utilizar imágenes y metáforas visuales. Del mismo modo, adaptar tu lenguaje y tus expresiones para coincidir con los sistemas representativos de alguien puede hacer que tu comunicación sea más efectiva y persuasiva.

2.6. Identificación de nuestro canal representativo y de nuestros alumnos para mejorar los aprendizajes y la comunicación

Cuando estamos trabajando con un grupo clase, es fundamental reconocer y utilizar los sistemas representativos predominantes de cada una de las personas que tengamos dentro del aula, ya sean visuales, auditivos, kinestésicos, o de otra índole, con el fin de optimizar el proceso de aprendizaje del alumnado y la efectividad de los procesos de comunicación que establezcamos con ellos. Cada alumno o alumna tiene una manera única de procesar la información, y al identificar

Figura 2.14. Compartir el aprendizaje.

car su canal representativo predominante, nosotros como formadores podemos adaptar nuestras estrategias de enseñanza para alinearlas con la forma en que cada uno de ellos asimila mejor el conocimiento.

Al identificar el canal representativo predominante de un alumno, tenemos la oportunidad de personalizar nuestra metodología educativa. Esto no solo enriquece el aprendizaje, sino que también mejora la interacción y el entendimiento en el aula.

Aquí algunos ejemplos de cómo podemos aplicar esta identificación en la práctica:

- **Visual:** si un alumno es predominantemente visual, el formador puede utilizar herramientas visuales como gráficos, diagramas, vídeos o imágenes para explicar conceptos complejos y facilitar la comprensión. Al incorporar elementos visuales en la enseñanza, como mapas conceptuales o presentaciones multimedia, se puede captar la atención de estos estudiantes y hacer que la información sea más accesible y memorable.

- **Auditivo:** si un alumno tiene un canal representativo auditivo predominante, el formador puede enfocarse en ofrecer explicaciones verbales claras y concisas, además de proporcionar ejemplos verbales que refuercen el contenido. También se puede incluir la repetición y la discusión verbal para asegurar que la información se asimile adecuadamente. Las dinámicas de grupo que fomentan el intercambio verbal, como debates o exposiciones, pueden resultar muy efectivas para este tipo de estudiantes.

- **Kinestésico:** para los alumnos kinestésicos, la enseñanza puede incluir actividades prácticas y experiencias *hands-on* que les permitan interactuar físicamente con el material de estudio. Esto podría implicar el uso de experimentos, demostraciones prácticas, proyectos grupales o cualquier actividad que implique movimiento y manipulación. Al permitir que estos estudiantes aprendan a través de la acción, se estimula su interés y se favorece una comprensión más profunda del contenido.

Figura 2.15. Aprendizaje sensorial.

Al adaptar el método de enseñanza para satisfacer las preferencias representativas individuales de los alumnos, los formadores pueden aumentar significativamente la efectividad del aprendizaje y mejorar la comunicación en el aula.

Esta adaptación no solo lleva a una mayor participación, sino que también fomenta una retención de información más sólida y una comprensión más clara de los conceptos impartidos.

Además, reconocer y validar los diferentes estilos de aprendizaje en el aula promueve un ambiente inclusivo donde cada estudiante se siente valorado y motivado para participar activamente en su propio proceso de aprendizaje.

En resumen, al considerar los canales representativos de nuestros alumnos, no solo enriquecemos su experiencia educativa, sino que también fortalecemos nuestras habilidades como educadores.

La personalización del aprendizaje en función de estos estilos permite que cada estudiante aproveche al máximo su potencial, facilitando así su desarrollo académico y personal.

Figura 2.16. Conocer nuestras emociones.

2.7. Descripción de los cambios comportamentales y de aprendizaje según el sistema representativo preferente

Las preferencias sensoriales de una persona pueden influir en su comportamiento y en la forma en que aprenden. En el contexto de la PNL, como ya hemos explicado anteriormente, se reconoce que las personas tienden a procesar la información de manera diferente según su sistema representativo predominante (visual, auditivo, kinestésico, etc.).

Por lo tanto, el uso de uno u otro sistema representativo, afectará desde el punto de vista comportamental de cada persona.

Visual: las personas predominantemente visuales pueden ser más propensas a prestar atención a detalles visuales, como gestos corporales, expresiones faciales y la apariencia general de su entorno.

Auditivo: pueden ser más sensibles al tono de voz, al ritmo del habla y a los sonidos del entorno.

Kinestésico: son más propensos a prestar atención a las sensaciones físicas y las experiencias prácticas.

2.8. Aplicación de las submodalidades para cambiar recuerdos y emociones

La aplicación de las submodalidades en la Programación Neurolingüística (PNL) es un enfoque fascinante que implica modificar las características específicas de nuestros pensamientos internos. Tal como hemos explicado anteriormente, estas submodalidades son los elementos sensoriales que usamos para codificar nuestras experiencias y, al cambiarlas, podemos alterar la forma en que percibimos y respondemos a determinados recuerdos y emociones. Este proceso es fundamental para mejorar nuestro bienestar emocional y mental, ya que nos permite reconfigurar nuestras experiencias pasadas de una manera más positiva y constructiva.

El proceso de aplicación de las submodalidades comienza con la identificación de las características sensoriales específicas asociadas a los recuerdos y emociones que deseamos modificar. Esto implica una atención cuidadosa a cómo se manifiestan esos recuerdos en nuestra mente: qué imágenes aparecen, qué sonidos escuchamos, cómo nos sentimos físicamente, y qué sensaciones corporales experimentamos. Una vez que hemos mapeado estos elementos, podemos realizar cambios deliberados en estas características. Por ejemplo, si un recuerdo doloroso aparece en nuestra mente con imágenes vívidas y brillantes, podríamos intentar cambiar esas imágenes a algo más borroso o en blanco y negro. O, si un sonido asociado a una emoción negativa es particularmente fuerte, podríamos imaginarlo más suave o lejano.

La clave aquí es observar cómo estos cambios afectan a la experiencia subjetiva de la persona. Si, al alterar una submodalidad, la persona experimenta una respuesta emocional más positiva o la intensidad de la emoción se reduce, se considera que el proceso ha sido exitoso.

Este enfoque ofrece la posibilidad de transformar recuerdos que antes eran perturbadores en experiencias que pueden ser procesadas de manera más neutral o incluso positiva.

Es fundamental realizar este trabajo con sumo cuidado. La mente humana es compleja y, en ocasiones, el simple acto de reconfigurar recuerdos puede desatar emociones intensas. Por esta razón, es recomendable hacerlo bajo la orientación de un profesional capacitado en PNL o terapia, quien pueda guiar el proceso y garantizar que se maneje adecuadamente.

La intervención de un experto no solo aporta seguridad, sino que también proporciona herramientas adicionales para facilitar el proceso de cambio.

Sin embargo, cuando se aplica correctamente, el cambio de submodalidades se revela como una herramienta efectiva para transformar nuestra relación con nuestros propios pensamientos y emociones.

Nos permite desactivar patrones de pensamiento no deseados, aliviar traumas pasados y generar una mayor capacidad de resiliencia emocional. Al comprender y trabajar con nuestras submodalidades, podemos desarrollar un mayor control sobre nuestras reacciones emocionales y mejorar nuestra calidad de vida en general.

Así pues, la aplicación de las submodalidades en PNL representa un poderoso recurso para la gestión de recuerdos y emociones. A través de un proceso consciente de identificación y modificación de nuestras experiencias internas, no solo es posible cambiar la forma en que nos sentimos respecto a eventos pasados, sino que también podemos abrir la puerta a un futuro más positivo y enriquecedor.

Este enfoque, centrado en el autoconocimiento y la autotransformación, puede contribuir significativamente al desarrollo personal y al bienestar emocional.

Figura 2.17. Gestión de las emociones.

2.9. Descripción de las pistas de acceso ocular

Ya hemos explicado anteriormente a qué nos referimos cuando hablamos de las pistas de acceso ocular. Estas pistas son indicios que pueden ofrecer información sobre los procesos mentales de una persona a través de la observación de sus movimientos oculares.

Sin embargo, es importante profundizar en esta técnica y tener en cuenta ciertos matices que la rodean.

Podemos ampliar un poco más el contenido acerca de este apartado, añadiendo que esta técnica se basa en observaciones anecdóticas y no está respaldada por una evidencia científica sólida. Esto significa que, aunque muchos profesionales de la Programación Neurolingüística (PNL) y de la comunicación interpersonal han encontrado patrones interesantes en la relación entre los movimientos oculares y los procesos cognitivos, aún falta un cuerpo de investigación robusto que valide estas afirmaciones de manera concluyente.

Por lo tanto, es prudente abordar las pistas de acceso ocular con un sentido crítico, reconociendo que pueden ofrecer información valiosa, pero no son infalibles ni deben ser utilizadas como la única herramienta para evaluar el pensamiento de alguien.

Además, las personas pueden variar significativamente en cuanto a cómo usan sus ojos durante diferentes actividades cognitivas. Por ejemplo, algunas personas pueden mirar hacia arriba a la izquierda al recordar una imagen, mientras que otras pueden hacerlo de manera diferente o incluso no mostrar un patrón consistente en absoluto. Esta variabilidad implica que no se debe confiar únicamente en las pistas de acceso ocular para evaluar el pensamiento de alguien.

> **Cada persona, tiene su propio estilo cognitivo y sus particularidades, que pueden influir en la manera en que procesan y expresan sus pensamientos a través de sus ojos.**

Es interesante realizar una observación sobre las pistas de acceso ocular y, sobre todo, no informar a las personas que están siendo evaluadas u observadas, ya que esto podría influir directamente sobre los movimientos que realicen con sus ojos y, por ende, perdería validez nuestro análisis. La naturaleza de la observación debe ser lo más objetiva posible, para capturar patrones auténticos y no alterados por la conciencia de ser observados. Esto subraya la importancia de crear un ambiente de naturalidad y confianza, donde la persona se sienta cómoda para expresarse sin la presión de tener que cumplir con expectativas o juicios.

Las pistas de acceso ocular pueden ser una herramienta interesante y potencialmente útil en el ámbito de la comunicación y el entendimiento de los procesos cognitivos.

No obstante, es fundamental utilizarlas con precaución y en combinación con otras técnicas de observación y comunicación.

© Ediciones Paraninfo

Al hacerlo, podemos enriquecer nuestra comprensión de cómo las personas procesan información y expresan sus pensamientos, lo que puede facilitar interacciones más efectivas y significativas.

Figura 2.18. Entender las emociones.

ACTIVIDADES FINALES

ACTIVIDAD 1: «Explorando nuestros sistemas representativos»

Objetivo de la actividad: identificar las modalidades perceptivas de cada participante y cómo estas influyen en su aprendizaje y comunicación, además de fomentar la comprensión y respeto por las diferencias en la percepción del mundo.

Recursos necesarios:

- Hojas de papel o cuadernos.
- Materiales para escribir (bolígrafos, lápices).
- Tarjetas en blanco o pósits.
- Un proyector (opcional, para mostrar ejemplos visuales).
- Un espacio amplio para trabajar en grupos.

Descripción de la actividad:

1. Introducción (10 minutos): comienza la clase explicando brevemente qué son los sistemas representativos y las modalidades perceptivas: visual, auditiva, kinestésica, gustativa y olfativa. También menciona cómo estas modalidades afectan nuestro aprendizaje y comunicación.

2. Test de Modalidades Perceptivas (15 minutos): entrega a cada participante un breve cuestionario que los ayude a identificar su canal representativo preferido. Este cuestionario puede incluir preguntas como:

    - ¿Prefieres aprender a través de imágenes, sonidos, sensaciones físicas, sabores u olores?

    - Cuando te sientes feliz, ¿qué te viene a la mente primero: una imagen, un sonido o una sensación?

    - ¿Qué tipo de instrucciones te resultan más efectivas: escritas, habladas o demostradas físicamente?

3. Reflexión en parejas (15 minutos): una vez que cada participante complete el cuestionario, pídeles que se emparejen con otra persona y compartan sus resultados. Deben reflexionar sobre cómo su canal representativo influye en su forma de aprender y comunicarse.

ACTIVIDADES FINALES

4. Dinámica «Cambiando de Canal» (25 minutos):

   - Forma grupos de 4 a 5 personas y dales tarjetas en blanco o pósits.

   - Cada grupo debe elegir un concepto o tema que les interese y presentarlo en diferentes modalidades perceptivas (visual, auditiva, kinestésica). Por ejemplo, pueden crear:

     - Un dibujo (modalidad visual).

     - Un breve poema o canción (modalidad auditiva).

     - Una representación o un juego de rol (modalidad kinestésica).

   - Anima a los grupos a utilizar la creatividad y a experimentar con las diferentes modalidades.

5. Presentaciones grupales (30 minutos): cada grupo presenta su tema a la clase utilizando las modalidades que han preparado. Después de cada presentación, abre un espacio para la retroalimentación y la reflexión sobre cómo se percibió la información en cada modalidad.

6. Cierre y reflexión grupal (10 minutos): finaliza la actividad reuniendo a todos los participantes y preguntando:

   - ¿Cómo se sintieron al presentar en diferentes modalidades?

   - ¿Qué aprendieron sobre sus propios canales representativos y los de sus compañeros?

   - ¿Cómo pueden aplicar lo aprendido para mejorar su comunicación en el futuro?

Consideraciones finales:

- Inclusividad: asegúrate de que todas las voces sean escuchadas y que se fomente un ambiente seguro para compartir y experimentar.

- Flexibilidad: ajusta el tiempo de cada sección según la dinámica del grupo y su interés en profundizar en los temas discutidos.

- Apoyo visual: si es posible, utiliza ejemplos visuales para ilustrar cada modalidad y facilitar la comprensión.

ACTIVIDADES FINALES

ACTIVIDAD 2: «Conectando con los sentidos»

Objetivo de la actividad: explorar las diferentes modalidades perceptivas y cómo afectan nuestra comunicación, así como fomentar la empatía y la comprensión en la interacción con los demás.

Recursos necesarios:

- Hojas de papel o cuadernos.

- Materiales para escribir (bolígrafos, lápices).

- Objetos sensoriales (pueden ser pequeños juguetes, aromas en frascos, imágenes, grabaciones de sonidos, etc.).

- Un espacio amplio para trabajar en grupos.

Descripción de la actividad:

1. Introducción (10 minutos): comienza la clase explicando las modalidades perceptivas: visual, auditiva, kinestésica, gustativa y olfativa. Menciona cómo cada modalidad puede influir en nuestra percepción y comprensión de la información y en nuestras interacciones.

2. Exploración sensorial (20 minutos): divide a los participantes en grupos pequeños. Proporciona a cada grupo diferentes objetos sensoriales que representen las modalidades perceptivas.

Por ejemplo:

- Visual: imágenes o tarjetas con escenas diversas.

- Auditiva: grabaciones de sonidos de la naturaleza o música.

- Kinestésica: juguetes u objetos que se pueden manipular (pelotas, texturas).

- Gustativa: muestras de alimentos o sabores (si es posible y permitido).

- Olfativa: frascos con diferentes aromas (vainilla, café, cítricos).

Pide a cada grupo que explore los objetos y discuta cómo cada uno de ellos se relaciona con su modalidad perceptiva. Deben identificar cómo les hacen sentir y qué recuerdos o ideas evocan.

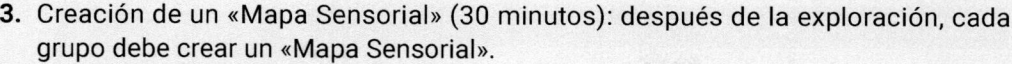

ACTIVIDADES FINALES

3. Creación de un «Mapa Sensorial» (30 minutos): después de la exploración, cada grupo debe crear un «Mapa Sensorial».

Este mapa debe incluir:

- Un dibujo o collage que represente cada modalidad perceptiva.

- Palabras o frases que describan cómo cada objeto les hizo sentir o qué ideas evocó.

- Ejemplos de situaciones en las que usan cada modalidad en su vida diaria (por ejemplo, cómo prefieren aprender o comunicarse).

4. Presentaciones grupales (30 minutos): cada grupo presenta su «Mapa Sensorial» a la clase. Durante la presentación, deben explicar cómo cada modalidad influye en su forma de aprender y comunicarse. Fomenta la retroalimentación y el diálogo, permitiendo que los demás grupos hagan preguntas y compartan sus reflexiones.

5. Reflexión sobre la comunicación (15 minutos): para finalizar, reúne a todos los participantes y plantea preguntas para la reflexión:

- ¿Cómo influyen sus preferencias sensoriales en su comunicación con los demás?

- ¿Qué aprendieron sobre las modalidades perceptivas de sus compañeros?

- ¿Cómo pueden usar esta comprensión para mejorar su comunicación y empatía en el futuro?

Consideraciones finales:

- Inclusividad: asegúrate de que todos los participantes tengan la oportunidad de participar activamente y compartir sus experiencias.

- Flexibilidad: adapta el contenido y el tiempo de la actividad según las dinámicas del grupo y su interés.

- Seguridad: si decides incluir muestras de alimentos o aromas, asegúrate de preguntar sobre alergias o sensibilidades antes de la actividad.

ACTIVIDADES FINALES

TEXT DE EVALUACIÓN

2.1. ¿Cuáles son las modalidades perceptivas en PNL?

a) Solo visual y auditiva.

b) Visual, auditiva, kinestésica, gustativa y olfativa.

c) Auditiva, gustativa y olfativa.

2.2. ¿Qué representa la modalidad visual (V) en los sistemas representativos?

a) La conexión emocional con el entorno.

b) La manera en que las personas procesan información a través de imágenes y visualizaciones.

c) La forma en que las personas perciben los sonidos.

2.3. En el sistema representativo auditivo (A), ¿qué se destaca?

a) El procesamiento de información a través del sonido y el habla.

b) La experiencia sensorial a través de la vista.

c) La percepción de sabores y olores.

2.4. ¿Qué se caracteriza en la modalidad kinestésica (K)?

a) La experiencia emocional y táctil.

b) La capacidad de recordar sonidos.

c) La forma en que se procesan las imágenes.

2.5. ¿Cuál es el enfoque del aprendizaje según los sistemas representativos?

a) El aprendizaje es igual para todos.

b) Se basa en la única modalidad visual.

c) Cada persona tiene una forma preferida de aprender que puede estar relacionada con un sistema representativo específico.

2.6. ¿Qué son las pistas de acceso ocular en PNL?

a) Indicadores de cómo las personas acceden a sus recuerdos y pensamientos a través de los movimientos oculares.

b) Señales visuales en el entorno que distraen.

c) Estrategias para evitar distracciones auditivas.

ACTIVIDADES FINALES

2.7. **Las submodalidades se refieren a:**

a) La incapacidad de procesar información de manera efectiva.

b) Las modalidades sensoriales en su conjunto.

c) Las diferencias dentro de cada modalidad sensorial que afectan la percepción de la experiencia.

2.8. **¿Cómo se describen los sistemas representativos en PNL?**

a) Son solo técnicas de comunicación verbal.

b) Son métodos fijos de aprendizaje que no cambian.

c) Son canales a través de los cuales las personas procesan y comprenden la información.

2.9. **¿Por qué es importante identificar nuestro canal representativo y el de nuestros alumnos?**

a) Para mejorar la comunicación y facilitar los aprendizajes personalizados.

b) Para aplicar un enfoque único en la formación.

c) Para evitar que se expresen diferentes modalidades.

2.10. **Los cambios comportamentales y de aprendizaje según el sistema representativo preferente se refieren a:**

a) Cómo la modalidad representativa preferida influye en el comportamiento y en la forma de aprender.

b) Que todos aprenden de la misma manera sin importar el sistema.

c) Cómo las personas reaccionan ante diferentes estímulos sin un patrón.

2.11. **¿Cómo se pueden aplicar las submodalidades para cambiar recuerdos y emociones?**

a) Manteniendo los recuerdos sin alteraciones.

b) Cambiando el contexto físico sin considerar la experiencia emocional.

c) Ajustando las características de la representación mental de los recuerdos para influir en la respuesta emocional.

2.12. **¿Qué describen las pistas de acceso ocular?**

a) La manera en que las personas se mueven en un espacio físico.

b) Los movimientos oculares que indican cómo las personas recuerdan o imaginan información.

c) La forma en que los individuos se comunican verbalmente.

ACTIVIDADES FINALES

2.13. **¿Qué modalidad representa el sistema olfativo (O)?**

a) La percepción y recuerdo de olores.

b) La capacidad de recordar experiencias táctiles.

c) La forma en que se procesan los sonidos.

2.14. **¿Cómo se relaciona el sistema gustativo (G) con los otros sistemas representativos?**

a) Es una modalidad que puede influir en las emociones y recuerdos de forma similar a las otras modalidades.

b) No tiene relación, son independientes.

c) Solo se utiliza en contextos específicos, como la cocina.

2.15. **¿Cuál es un aspecto clave de los sistemas representativos en el aprendizaje?**

a) Los sistemas representativos son irrelevantes para el aprendizaje.

b) Cada persona puede tener preferencias diferentes que afectan su forma de aprender y retener información.

c) Se debe forzar a todos a aprender de la misma manera.

3

Los niveles neurológicos

Exploramos los distintos niveles que configuran nuestra experiencia personal: entorno, comportamiento, capacidades, creencias, identidad y propósito. A través de este modelo, aprenderás a detectar conflictos internos, generar autoestima y alinear tus niveles para lograr mayor congruencia y bienestar emocional.

3.1. Introducción a los niveles neurológicos

Robert Dilts, un destacado profesional en el campo de la Programación Neurolingüística (PNL), desarrolló una estructura que describe los diferentes niveles de experiencia y cambio en la vida de una persona.

Este enfoque se centra en entender cómo las personas interactúan con su entorno y cómo estos niveles pueden influir en su desarrollo personal y en la manera en que enfrentan desafíos y logran sus objetivos.

Estos niveles se organizan jerárquicamente, comenzando desde los niveles más básicos y fundamentales hasta los niveles más amplios y abstractos. La jerarquía sugiere que, para abordar un cambio efectivo en la vida de una persona, es importante considerar desde las capas más superficiales hasta las más profundas.

Al comprender cada uno de estos niveles, podemos identificar en qué área se encuentra un obstáculo o un potencial de crecimiento.

Los niveles neurológicos proporcionan un marco valioso para comprender cómo las personas piensan, sienten, se comportan y se relacionan con su entorno. Cada nivel tiene sus propias características y puede influir en los demás.

Figura 3.1. Niveles neurológicos.

Los niveles que se describen comúnmente en este modelo son los siguientes:

1. **Ambiente:** este nivel se refiere al contexto en el que una persona vive y actúa. Incluye factores como el lugar, las personas que la rodean y las condiciones en las

que se encuentra. El ambiente puede tener un impacto significativo en el comportamiento y las emociones de una persona, y es fundamental para entender las interacciones que se producen en su vida cotidiana.

2. **Comportamiento:** en este nivel se encuentran las acciones y reacciones observables de una persona. El comportamiento es lo que se manifiesta externamente y puede ser influenciado tanto por el ambiente como por las creencias y capacidades del individuo. Comprender el comportamiento permite identificar patrones y áreas que pueden necesitar cambios para lograr objetivos deseados.

3. **Capacidades y habilidades:** este nivel abarca las competencias, talentos y habilidades que una persona posee. Incluye tanto habilidades técnicas como capacidades emocionales y sociales. Desarrollar y mejorar estas habilidades es crucial para el crecimiento personal y profesional, ya que influye en la forma en que una persona aborda los desafíos y oportunidades en su vida.

4. **Creencias y valores:** las creencias son las convicciones que una persona tiene sobre sí misma, los demás y el mundo en general, mientras que los valores representan lo que es importante para ella. Este nivel puede ser particularmente influyente, ya que las creencias limitantes pueden obstaculizar el progreso, mientras que las creencias empoderadoras pueden fomentar el crecimiento y el cambio positivo.

5. **Identidad:** este nivel se relaciona con la percepción que una persona tiene de sí misma. Incluye la autoimagen y el sentido de pertenencia. La identidad puede moldear la forma en que una persona se relaciona con su entorno y con los demás, así como influir en sus decisiones y acciones.

6. **Misión o propósito:** en la cúspide de la jerarquía se encuentra la misión o propósito, que representa la razón de ser de una persona y sus aspiraciones más profundas. Tener claridad sobre el propósito puede proporcionar dirección y motivación en la vida, guiando las acciones y decisiones hacia metas significativas.

Al explorar estos niveles neurológicos, podemos obtener una comprensión más profunda de la experiencia humana y cómo se puede facilitar el cambio en las diferentes áreas de la vida.

Este modelo es una herramienta poderosa tanto para el desarrollo personal como para la práctica profesional, ya que permite a los *coaches,* terapeutas y educadores, trabajar de manera más efectiva con sus usuarios y alumnos, ayudándolos a identificar y superar obstáculos que puedan estar limitando su crecimiento.

3.1.1. Espiritual y sistémico

En realidad, los niveles espiritual y sistémico son un añadido a la pirámide que Dilts elaboró en cuanto a los niveles neurológicos enunciados anteriormente. Vienen a complementar la estructura original del trabajo de Dilts en la PNL.

Estos niveles proporcionan una perspectiva más amplia y profunda sobre la experiencia humana y el cambio personal:

1. **Nivel espiritual:** este nivel se refiere a las creencias y valores más profundos relacionados con el significado y el propósito en la vida de una persona. Incluye la conexión con lo trascendental, la esencia de la existencia y la búsqueda de significado más allá de lo material.

   El nivel espiritual aborda preguntas fundamentales sobre el sentido de la vida, la moralidad y la conexión con algo más grande que uno mismo.

2. **Nivel sistémico:** este nivel se refiere a la forma en que una persona se relaciona con los sistemas más amplios en los que está inmersa, como la familia, la comunidad, la sociedad y el mundo en general. Incluye la comprensión de los sistemas sociales, culturales y ecológicos, así como el reconocimiento de cómo nuestras acciones individuales pueden afectar a estos sistemas, y viceversa.

   El nivel sistémico enfatiza la interconexión y la interdependencia entre todos los elementos de un sistema y cómo estos afectan a la experiencia y al cambio personal.

3.1.2. Identidad

El nivel neurológico de identidad en la Programación Neurolingüística (PNL) se refiere a la forma en que una persona se define a sí misma y cómo esta autoimagen influye en su experiencia y comportamiento en el mundo. La identidad es un concepto multifacético que abarca no solo cómo nos vemos a nosotros mismos, sino también cómo nos relacionamos con los demás y cómo interpretamos nuestras experiencias.

La identidad incluye aspectos clave como la autoimagen, el autoconcepto y la autoestima de una persona. La autoimagen se refiere a la representación mental que una persona tiene de sí misma, mientras que el autoconcepto abarca las creencias que una persona tiene sobre sus habilidades y características. La autoestima, por su parte, está relacionada con el valor que una persona se otorga a sí misma. Estos componentes interactúan y se influyen mutuamente, formando la base de cómo una persona se ve a sí misma y cómo se comporta en diferentes situaciones.

La percepción que una persona tiene de sí misma está íntimamente ligada a sus roles en la sociedad, sus características personales y la forma en que se relaciona con los demás. Por ejemplo, alguien que se identifica fuertemente con el rol de líder puede exhibir comportamientos asertivos y decisivos, mientras que alguien que se ve a sí mismo como un seguidor puede ser más reservado o dependiente. Esta autoidentificación afecta no solo la manera en que interactúa con su entorno, sino también cómo interpreta sus propias experiencias.

Además, la identidad puede estar influenciada por una variedad de factores externos, tales como la cultura, la familia, las experiencias de vida y las relaciones sociales. La cultura proporciona un contexto en el que se forman y refuerzan las identidades, mientras que la familia a menudo juega un papel crucial en la formación de la autoimagen y el autoconcepto durante los primeros años de vida.

Figura 3.2. Encontrar nuestra identidad.

Las experiencias de vida, tanto positivas como negativas, también moldean la identidad, ya que cada interacción y situación contribuye a la forma en que una persona se percibe a sí misma.

Este nivel es fundamental porque influye en todos los demás niveles de la pirámide neurológica. Nuestra identidad afecta cómo pensamos, sentimos y nos comportamos en el mundo. Por ejemplo, si una persona se ve a sí misma como alguien exitosa y competente, es más probable que adopte comportamientos y actitudes que refuercen esa identidad. La confianza en sí misma puede impulsarla a asumir riesgos, establecer metas ambiciosas y enfrentar desafíos con una mentalidad positiva. Por el contrario, si alguien se percibe a sí mismo como una persona sin valía o incompetente, puede tener dificultades para alcanzar sus metas y desarrollar relaciones positivas consigo mismo y con los demás. Esta percepción negativa puede llevar a un ciclo de autocrítica y autolimitación, donde la persona se siente atrapada en patrones de pensamiento que perpetúan su autoimagen negativa.

Es crucial reconocer que la identidad no es estática; puede evolucionar y cambiar a lo largo del tiempo. A través del autoconocimiento y el trabajo en el desarrollo personal, las personas pueden redefinir su identidad y adoptar perspectivas más positivas y empoderadoras. Al abordar y cambiar las creencias limitantes sobre uno mismo, se pueden abrir nuevas posibilidades y oportunidades para el crecimiento y el éxito en diversas áreas de la vida.

El nivel de identidad es un pilar esencial en la PNL, ya que determina cómo nos vemos a nosotros mismos y, por ende, cómo interactuamos con el mundo que nos rodea. Comprender y trabajar en nuestra identidad nos permite mejorar no solo nuestra autoimagen, sino también nuestras relaciones, habilidades y capacidad para enfrentar los desafíos de la vida.

Figura 3.3. La forma en que nos relacionamos.

3.1.3. Creencias y valores

Las creencias son ideas o convicciones que una persona sostiene sobre lo que es verdadero o falso, lo que es posible o imposible y lo que es bueno o malo. Siempre, teniendo en cuenta que es desde su propia perspectiva y sus propias creencias personales.

Pueden ser conscientes o inconscientes, y se desarrollan a lo largo de la vida a partir de las experiencias, la educación, la cultura y otros factores.

Los valores son principios o estándares que una persona considera importantes y dignos de ser perseguidos. Son las cosas que una persona valora en la vida, como la libertad, la honestidad, el éxito, la familia, la justicia, el amor y la lealtad, entre otras.

Los valores guían las decisiones y acciones de una persona y pueden influir en su comportamiento y en la forma en que se relaciona con los demás.

Estas creencias y valores fundamentales forman la base de la identidad de una persona y tienen un impacto significativo en todos los aspectos de su vida. Le influyen en cuanto a cómo piensa, siente y se comporta en el mundo, así como a sus actitudes hacia sí misma, los demás y a las situaciones que enfrenta.

3.1.4. Capacidades

Las capacidades abarcan un conjunto diverso de habilidades técnicas, cognitivas y sociales que cada persona ha aprendido y adquirido a lo largo de su vida. Estas habilidades pueden ser tanto innatas, es decir, aquellas que se manifiestan desde el nacimiento, como aprendidas, las que se desarrollan mediante la educación, la experiencia y la práctica. Con el tiempo, estas capacidades pueden ser cultivadas y mejoradas, permitiendo a cada individuo crecer y adaptarse a nuevas situaciones y desafíos.

Por ejemplo, las capacidades pueden incluir habilidades como la comunicación efectiva, que es fundamental para establecer relaciones sanas y productivas; el pensamiento crítico, que permite analizar información de manera objetiva y tomar decisiones informadas; y la resolución de problemas, una habilidad esencial para enfrentar y superar obstáculos en la vida cotidiana. También se pueden considerar la creatividad, que impulsa la innovación y la expresión personal, y el liderazgo, que permite a las personas guiar y motivar a otros hacia un objetivo común. Asimismo, las habilidades técnicas específicas, que son necesarias para desempeñar tareas en una profesión o un oficio, son cruciales para el éxito en el ámbito laboral.

Las capacidades juegan un papel fundamental en la manera en que cada persona interactúa con su entorno y en cómo se desenvuelve en diversas situaciones de la vida. La forma en que aplicamos nuestras habilidades puede influir significativamente en nuestro éxito personal y profesional, así como en nuestra capacidad para alcanzar metas y aspiraciones. Por ejemplo, una persona con fuertes capacidades de comunicación puede establecer redes efectivas y colaborar de manera más fluida con otras personas, lo que a su vez puede abrirle puertas a nuevas oportunidades.

Además, el desarrollo de capacidades no solo impacta en el ámbito individual, sino que también contribuye al bienestar de las comunidades y organizaciones en las que cada persona se encuentra. Cuando se fomenta el crecimiento de las capacidades en un grupo, se promueve un ambiente de aprendizaje continuo, creatividad e innovación. Esto es especialmente relevante en contextos laborales, donde equipos con diversas habilidades pueden colaborar para resolver problemas complejos y generar soluciones efectivas.

Es importante destacar que el proceso de adquirir y mejorar capacidades es un viaje personal que varía de una persona a otra. Cada individuo tiene su propio ritmo de aprendizaje y sus áreas de interés, lo que implica que las capacidades se pueden desarrollar de manera única. Fomentar un entorno que valore y apoye este desarrollo individual puede ser clave para que cada persona alcance su máximo potencial.

Figura 3.4. Desarrollar nuestras capacidades.

Las capacidades son elementos vitales en la vida de cada persona. Representan no solo un conjunto de habilidades que se pueden aplicar en diversas circunstancias, sino también la base sobre la cual se construyen las relaciones, se enfrentan los retos y se persiguen los sueños y objetivos. Al invertir en el desarrollo de nuestras capacidades, estamos creando las condiciones necesarias para un crecimiento personal y profesional continuo, lo que nos permitirá navegar con éxito por los desafíos de la vida.

Figura 3.5. Crecimiento personal.

3.1.5. Comportamiento

El comportamiento abarca todas las acciones, conductas y respuestas físicas que una persona manifiesta en su interacción con el entorno en el que se desenvuelve y con otras personas. Esta dimensión puede incluir una amplia gama de acciones, desde las más simples, como caminar, hablar y gesticular, hasta comportamientos más complejos, como tomar decisiones, resolver problemas y participar en actividades sociales.

El comportamiento es una expresión tangible de cómo cada individuo procesa y responde a su entorno, tanto interno como externo. Puede ser influenciado por una variedad de factores, incluyendo los pensamientos, las emociones, las creencias y los valores de cada persona, así como por las circunstancias externas y las experiencias de vida acumuladas. Por ejemplo, una persona que se siente segura de sí misma puede mostrar un comportamiento más asertivo en situaciones sociales, mientras que otra que se siente ansiosa puede manifestar conductas más reservadas o evasivas.

Este nivel es especialmente relevante, ya que el comportamiento observable es lo que los demás ven y experimentan de cada persona, lo que puede tener un impacto significativo en la forma en que es percibida y tratada por quienes la rodean. La forma en que una persona actúa puede influir en las interacciones sociales, en la creación de relaciones y en la dinámica dentro de un grupo. Por lo tanto, entender el comportamiento de una persona puede ser clave para promover una comunicación efectiva y el entendimiento mutuo.

Además, el comportamiento no solo afecta cómo nos perciben los demás, sino que también influye en la manera en que una persona se percibe a sí misma y en su experiencia personal en el mundo. Las conductas adoptadas pueden reforzar la autoimagen y la autoestima, así como contribuir al bienestar emocional. Por ejemplo, participar en actividades que fomentan la conexión social y el apoyo puede mejorar la percepción que una persona tiene de sí misma y su estado emocional general.

Es importante señalar que el comportamiento es también dinámico y puede variar en función del contexto y las circunstancias. Por ello, fomentar una mayor conciencia sobre nuestras propias acciones y respuestas puede ser un paso significativo hacia el desarrollo personal y el mejoramiento de nuestras relaciones interpersonales.

La autorreflexión y la observación de nuestras reacciones en diferentes situaciones pueden proporcionarnos valiosas herramientas para ajustar y mejorar nuestras conductas.

El comportamiento es un componente fundamental de nuestra interacción con el mundo y las personas que nos rodean. Entenderlo en su complejidad nos permite no solo ser más conscientes de nuestras propias acciones, sino también desarrollar una mayor empatía y comprensión hacia las conductas de los demás. A través del reconocimiento y la adaptación de nuestro comportamiento, podemos crear un entorno más positivo y colaborativo, que beneficie tanto nuestro desarrollo personal como nuestras relaciones interpersonales.

Figura 3.6. Desarrollo personal.

3.1.6. Entorno

El entorno abarca todos los elementos externos que rodean a una persona y que pueden influir en su experiencia y comportamiento.

Esto incluye aspectos como la ubicación geográfica, el clima, la cultura, la comunidad, la familia, los amigos, el lugar de trabajo, las instituciones sociales, las circunstancias económicas y cualquier otro factor externo que pueda afectar la vida de una persona.

El entorno juega un papel importante en la forma en que una persona se desarrolla y se relaciona con el mundo. Puede influir en sus valores, creencias, comportamientos y decisiones, así como en su bienestar emocional, mental y físico.

Es importante tener en cuenta que, si bien el entorno puede ejercer una influencia significativa en una persona, también es posible que una persona tenga cierto grado de control o influencia sobre su entorno y pueda tomar decisiones y acciones para cambiarlo o adaptarse a él según sea necesario.

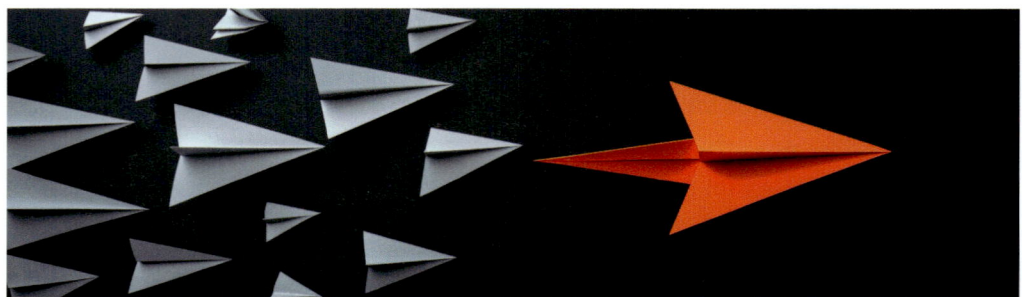

Figura 3.7. Conocer el entorno.

3.2. Alineación de los niveles neurológicos

La alineación de los niveles neurológicos es un proceso continuo y dinámico que requiere autoconciencia, reflexión y acción consciente.

Este proceso es esencial para garantizar que todos los aspectos de la experiencia humana trabajen juntos de manera efectiva y coherente.

Cuando los niveles están alineados, las personas pueden experimentar un mayor sentido de propósito, significado y satisfacción en su vida. En este contexto, la alineación de los niveles neurológicos se refiere a la coherencia y congruencia entre los diferentes niveles de la pirámide de Dilts.

Esta práctica implica asegurarse de que los diversos aspectos de la experiencia humana —como los comportamientos, las capacidades, las creencias, los valores, la identidad y la misión— estén alineados y colaboren de manera armoniosa hacia un objetivo común o una visión de vida.

Cuando los niveles neurológicos están debidamente alineados, las personas experimentan una mayor sensación de integridad y coherencia en su vida. Esto significa que sus acciones y comportamientos están en línea con sus creencias y valores fundamentales, y que están trabajando hacia metas y objetivos que están en consonancia con su identidad y propósito vital.

Por ejemplo, si una persona valora la honestidad y la integridad como parte de sus creencias y valores, pero se encuentra en un entorno donde se espera que actúe de manera deshonesta para tener éxito, es probable que experimente un conflicto interno y una falta de alineación entre sus acciones y sus valores.

Este desajuste puede generar emociones negativas, como la frustración, la ansiedad o el desánimo, y puede afectar la calidad de vida de la persona. En este caso, la alineación de los niveles neurológicos podría implicar tomar medidas para cambiar el entorno o las circunstancias de manera que estén más en línea con los valores y la identidad de la persona. Esto podría incluir buscar un nuevo trabajo, establecer límites más claros en relaciones interpersonales o redefinir metas personales que se alineen mejor con su sentido de integridad.

Además, la alineación de los niveles neurológicos no es un proceso estático; es necesario revisarlo y ajustarlo de manera regular, ya que las circunstancias personales y externas pueden cambiar a lo largo del tiempo. La reflexión periódica sobre nuestras experiencias, acciones y metas puede ser fundamental para mantener esta alineación.

Las herramientas de la Programación Neurolingüística (PNL) pueden ser útiles para facilitar este proceso, permitiendo a las personas identificar áreas de desalineación y trabajar para corregirlas.

Al lograr una mayor alineación entre los niveles neurológicos, se fomenta un estado de bienestar y autorrealización, lo que permite a las personas vivir de acuerdo con su auténtico yo y contribuir de manera significativa a su entorno. Este alineamiento no solo enriquece la experiencia individual, sino que también puede influir positivamente en las relaciones interpersonales, creando conexiones más profundas y significativas con quienes nos rodean.

Figura 3.8. Buscar respuestas.

La alineación de los niveles neurológicos es un camino hacia una vida más plena y satisfactoria. Implica una toma de conciencia continua sobre quiénes somos, qué valoramos y hacia dónde queremos dirigir nuestras acciones, facilitando un enfoque integral para alcanzar nuestras metas y vivir de manera auténtica y consciente.

3.3. Congruencia personal

La congruencia personal se refiere a la alineación y la colaboración entre los pensamientos, sentimientos, creencias, valores, comportamientos y metas de una persona. Cuando alguien es congruente, experimenta una sensación de autenticidad y sinceridad en su forma de ser y actuar en el mundo.

Esta congruencia permite que cada aspecto de la vida de la persona trabaje en la misma dirección, creando una coherencia que se refleja en sus interacciones y decisiones.

La importancia de la congruencia personal radica en su influencia en la forma en que las personas se relacionan consigo mismas y con quienes las rodean. Una persona congruente tiende a sentirse más segura de sí misma y más capaz de expresar su verdadero ser, lo que fomenta relaciones interpersonales más auténticas y significativas. Además, la congruencia personal también afecta la capacidad para alcanzar objetivos y vivir una vida satisfactoria y plena. Cuando las acciones de una persona están alineadas con sus valores y creencias, es más probable que se sienta motivada y satisfecha con su camino.

En el contexto de la Programación Neurolingüística (PNL), la congruencia personal es considerada un factor clave para el éxito en cualquier área de la vida. Proporciona una base sólida para el desarrollo de la autoestima, la confianza y el bienestar emocional.

Al trabajar en la congruencia personal, las personas pueden experimentar una transformación positiva en su vida diaria, lo que les permite acercarse a sus metas con mayor determinación y claridad.

El proceso de trabajar en la congruencia personal puede implicar la identificación y superación de las barreras internas que dificultan esta alineación. Algunas de estas barreras pueden incluir creencias limitantes, conflictos internos y discrepancias entre los diferentes niveles neurológicos. La PNL ofrece diversas técnicas que pueden ayudar a las personas a explorar y resolver estas incongruencias. Al abordar estos aspectos, se puede lograr una mayor armonía y coherencia en la vida, permitiendo a las personas vivir con más autenticidad, integridad y satisfacción.

Por ejemplo, una persona que valora la colaboración, pero se siente incómoda al expresar sus opiniones en un grupo puede trabajar en su congruencia personal para identificar las creencias que le impiden participar plenamente. Al hacerlo, puede aprender a comunicar sus ideas de manera efectiva y alinearlas con su deseo de colaborar, creando así una experiencia más auténtica y satisfactoria en su vida social y profesional.

La congruencia personal es un elemento esencial para el crecimiento y desarrollo personal. Fomenta un sentido de autenticidad y conexión, tanto con uno mismo como con los demás, y permite a las personas vivir de manera más plena y significativa. Trabajar en la congruencia personal no solo contribuye al bienestar individual, sino que también enriquece las relaciones interpersonales y el entorno en el que se desenvuelven.

Figura 3.9. Conexión personal.

3.4. Generar autoestima

La autoestima es la percepción y valoración que una persona tiene sobre sí misma. Es cómo nos vemos, nos sentimos y nos valoramos a nosotros mismos. Incluso podríamos decir que es algo así como «cuánto nos queremos a nosotros mismos», cuánto nos estimamos.

Algunas de las formas en que la PNL puede contribuir a la generación de autoestima, serían las siguientes:

- **Reestructuración de creencias limitantes:** la PNL se centra en identificar y cambiar las creencias negativas y limitantes que pueden estar afectando la autoestima de una persona. Esto puede implicar técnicas como la técnica del reencuadre, donde se cambia la perspectiva sobre una situación para verla de manera más positiva y empoderadora.

- **Anclajes positivos:** la PNL utiliza técnicas de anclaje para asociar estados mentales y emocionales positivos con estímulos específicos. Esto puede ayudar a una persona a acceder a sentimientos de confianza, valía y autoaceptación cuando lo necesite.

- **Visualización y modelado:** la PNL emplea técnicas de visualización y modelado para ayudar a una persona a imaginar y adoptar comportamientos, pensamientos y actitudes de personas que tienen una alta autoestima. Esto puede ayudar a reforzar una imagen positiva de uno mismo y desarrollar una mayor confianza en las propias habilidades y capacidades.

- **Lenguaje interno positivo:** la PNL se centra en el poder del lenguaje interno y en cómo afecta a la percepción de uno mismo. Mediante el uso de afirmaciones positivas y un lenguaje interno constructivo, una persona puede cambiar la forma en que se habla a sí misma y fortalecer su autoestima.

Figura 3.10. Mantener una autoestima sana.

3.5. Creencias

En el ámbito de la Programación Neurolingüística (PNL), las creencias se consideran elementos fundamentales que influyen de manera significativa en nuestra experiencia y comportamiento. Estas creencias, que pueden ser tanto conscientes como inconscientes, modelan la forma en que percibimos el mundo y cómo respondemos a diversas situaciones. Al trabajar con nuestras creencias, tenemos la oportunidad de liberarnos de limitaciones autoimpuestas y potenciar nuestro crecimiento personal y profesional, lo que nos permite avanzar hacia nuestras metas con mayor confianza y claridad. El trabajo que podemos realizar con las creencias en la PNL se puede dividir en varios pasos clave:

■ **Identificación de creencias limitantes:** este primer paso consiste en identificar aquellas creencias que nos restringen y limitan nuestro potencial. Las creencias limitantes son ideas o percepciones que nos impiden avanzar y pueden estar profundamente arraigadas en experiencias pasadas, mensajes que hemos recibido de otras personas o autoevaluaciones negativas. Reconocer estas creencias es esencial para iniciar el proceso de cambio.

■ **Reestructuración de creencias:** una vez que hemos identificado las creencias limitantes, la PNL ofrece herramientas y técnicas específicas para reestructurarlas. Este proceso implica desafiar y modificar las creencias que ya no nos sirven, permitiéndonos adoptar perspectivas más positivas y empoderadoras. La reestructuración de creencias nos ayuda a ver las situaciones desde ángulos diferentes y a transformar la narrativa interna que nos contamos.

■ **Instalación de creencias potenciadoras:** además de trabajar con las creencias limitantes, la PNL también se enfoca en instalar y fortalecer creencias potenciadoras. Estas creencias son aquellas que nos motivan a crecer, prosperar y alcanzar nuestros objetivos. Al cultivar creencias positivas y empoderadoras, fomentamos un entorno interno que favorece el desarrollo personal y profesional.

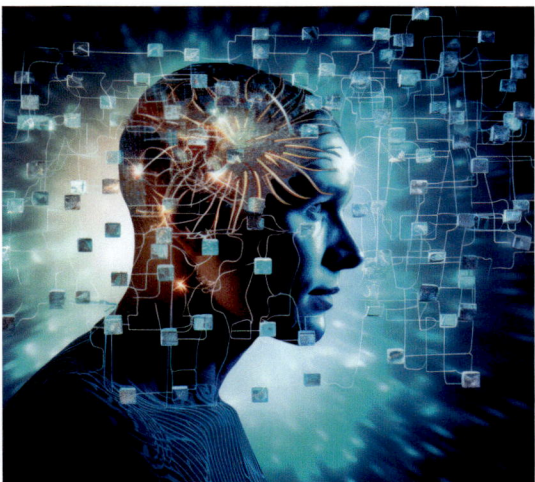

Figura 3.11. La PNL enriquece nuestra mente.

■ **Impacto en el comportamiento y los resultados:** es importante destacar que las creencias tienen un impacto directo en nuestro comportamiento y, en consecuencia, en los resultados que obtenemos en la vida. Cuando cambiamos nuestras creencias, transformamos la manera en que percibimos el mundo, cómo nos comportamos y qué resultados logramos. Al adoptar creencias más saludables y constructivas, podemos observar mejoras en diversas áreas de nuestra vida, incluyendo nuestras relaciones, carrera y bienestar emocional.

Por lo tanto, trabajar con nuestras creencias es un proceso esencial en el camino hacia el autoconocimiento y el desarrollo personal. La PNL nos proporciona un marco efectivo para identificar y reestructurar aquellas creencias que nos limitan, así como para instalar creencias que nos empoderen y nos impulsen hacia nuestras metas. Al hacerlo, no solo transformamos nuestra relación con nosotros mismos, sino que también impactamos positivamente en nuestras interacciones y en el mundo que nos rodea.

Figura 3.12. Trabajar con la PNL.

3.6. Identificación de las actitudes y comportamientos en relación con los diferentes niveles para potenciar tu congruencia

Tal y como hemos comentado anteriormente, al potenciar la congruencia entre nuestros diferentes niveles neurológicos, podemos experimentar una mayor coherencia y satisfacción en nuestras vidas.

Esto nos permite vivir de acuerdo con nuestros valores y metas personales, lo que a su vez nos ayuda a alcanzar un mayor nivel de realización y éxito en lo que hacemos.

Para potenciar la congruencia en nuestras vidas, es importante reflexionar sobre si nuestras acciones están en armonía con lo que consideramos importante y significativo. Esto implica no solo alinear nuestras metas y acciones con nuestros valores y creencias fundamentales, sino también reconocer cómo nuestras habilidades y capacidades pueden contribuir a nuestro crecimiento y desarrollo personal.

La congruencia se logra cuando nuestras acciones están alineadas con nuestros objetivos más profundos y con nuestra identidad y propósito en la vida. Esto significa tomar decisiones que reflejen quiénes somos realmente y lo que valoramos, y estar dispuestos a ajustar nuestras creencias y comportamientos si es necesario para alcanzar una mayor coherencia y satisfacción en nuestras vidas.

3.7. Análisis de algunos aspectos de nuestra vida relacionados con los niveles neurológicos

El análisis de los niveles neurológicos, según la pirámide de Dilts, implica examinar cómo diferentes áreas de nuestra experiencia vital están influenciadas por los distintos niveles de esta estructura. Este enfoque nos permite reflexionar de manera más profunda sobre nuestras vivencias y cómo se relacionan con nuestra forma de ser y actuar en el mundo.

Por ejemplo, podemos explorar cómo nuestras creencias y valores impactan nuestras decisiones y comportamientos en situaciones específicas. Las creencias que albergamos sobre nosotros mismos y sobre el mundo pueden guiar nuestras elecciones diarias y determinar nuestra reacción ante diversos desafíos. Al reflexionar sobre estas creencias, podemos identificar aquellas que nos limitan y las que nos potencian, lo que nos brinda la oportunidad de realizar cambios positivos en nuestra vida.

Además, es crucial considerar cómo nuestras habilidades y capacidades se relacionan con nuestros objetivos y metas personales. Las habilidades técnicas, sociales y emocionales que hemos desarrollado a lo largo de nuestra vida juegan un papel vital en la forma en que perseguimos nuestras aspiraciones. Al identificar nuestras fortalezas y áreas de mejora, podemos diseñar un camino más claro hacia el logro de nuestras metas, optimizando nuestro potencial. Asimismo, el entorno y el comportamiento que adoptamos son reflejos de nuestra identidad y propósito en la vida. La manera en que nos relacionamos con nuestro entorno, ya sea a través de nuestras elecciones diarias, nuestras interacciones con otras personas o nuestras respuestas ante situaciones, revela mucho sobre quiénes somos y qué valoramos.

Al observar cómo nuestro comportamiento se alinea con nuestra identidad, podemos trabajar para crear un entorno que nos apoye y que esté en consonancia con nuestros objetivos y aspiraciones.

Este análisis nos permite identificar áreas en las que podemos mejorar y trabajar para lograr una mayor congruencia y alineación entre los diferentes aspectos de nuestra vida. Al comprender cómo interactúan los distintos niveles neurológicos, podemos tomar decisiones más coherentes y efectivas que nos acerquen a nuestros objetivos.

Esto, a su vez, nos permite vivir una vida más satisfactoria y significativa, en la que nuestras acciones, creencias y propósitos estén en armonía.

Así que, realizar un análisis de nuestra vida a través de la lente de los niveles neurológicos, nos brinda una herramienta poderosa para el autoconocimiento y el desarrollo personal.

Este enfoque nos ayuda a entender mejor nuestras motivaciones, habilidades y valores, permitiéndonos construir una vida más alineada con nuestra verdadera esencia y con nuestros deseos más profundos.

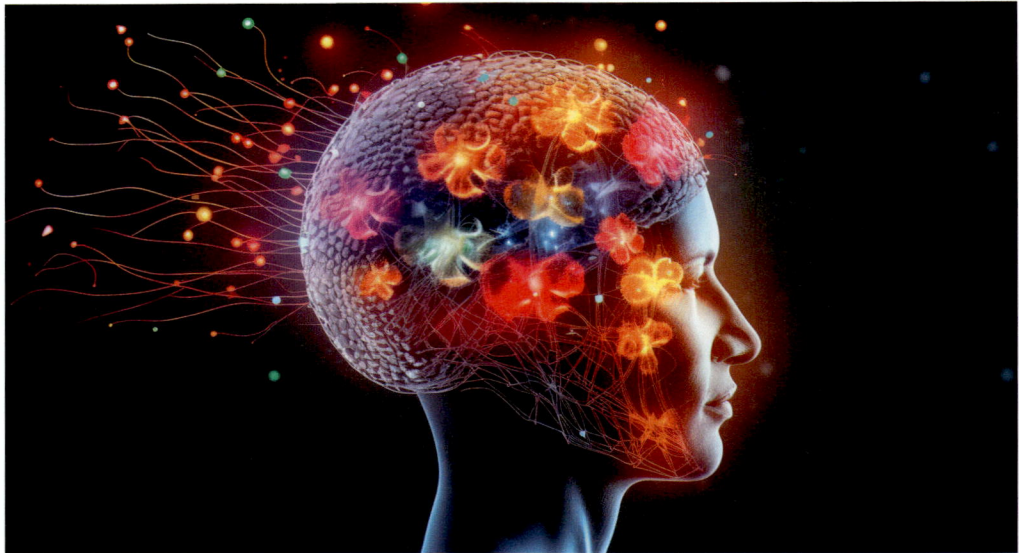

Figura 3.13. Aplicación consciente de la PNL.

3.8. Identificación de posibles conflictos internos en relación con los niveles neurológicos

La identificación de posibles conflictos internos en relación con los niveles neurológicos en la PNL, implica reconocer discrepancias o incoherencias entre los diferentes aspectos de nuestra experiencia y percepción del mundo, tal como se representan en la pirámide de Dilts.

Por ejemplo, un conflicto interno podría surgir si nuestras acciones y comportamientos no están alineados con nuestros valores y creencias fundamentales. Esto podría manifestarse como una sensación de malestar o insatisfacción en nuestras vidas, ya que nuestras acciones no reflejan verdaderamente quiénes somos y lo que consideramos importante.

También podemos identificar conflictos internos al examinar cómo nuestras creencias limitantes pueden estar frenando nuestro crecimiento y desarrollo personal, y cómo nuestras habilidades y capacidades pueden no estar siendo utilizadas de manera efectiva para alcanzar nuestros objetivos y metas.

Al reconocer estos posibles conflictos internos, podemos tomar medidas para abordarlos y resolverlos de manera efectiva. Lo cual puede implicar trabajar en cambiar nuestras creencias limitantes, alinear nuestras acciones con nuestros valores y metas personales, y encontrar formas de utilizar nuestras habilidades y capacidades de manera más efectiva en diferentes áreas de nuestra vida.

Al hacerlo, podemos alcanzar una mayor congruencia y coherencia en nuestras vidas, lo que nos permite vivir más auténtica y satisfactoriamente.

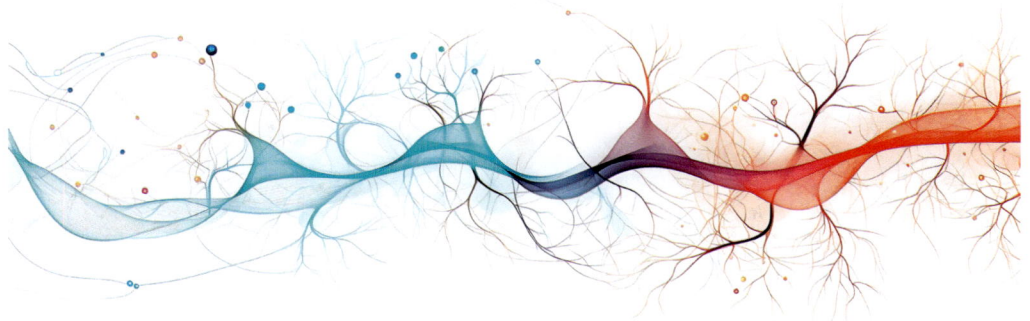

Figura 3.14. Redes neuronales.

3.9. Análisis de nuestras creencias

Tal como hemos mencionado en los puntos anteriores, realizar un análisis profundo de nuestras creencias es fundamental para liberarnos de limitaciones autoimpuestas y potenciar nuestro crecimiento tanto personal como profesional. Al identificar y cuestionar las creencias que tenemos sobre nosotros mismos y sobre el mundo, podemos deshacernos de aquellas que nos restringen y adoptar nuevas perspectivas que fomenten nuestro desarrollo. Este proceso de análisis nos permite vivir de acuerdo con nuestros valores y metas personales, lo cual es esencial para alcanzar un mayor nivel de realización y éxito en lo que hacemos.

Al alinear nuestras acciones y decisiones con nuestras creencias positivas y potenciadoras, creamos un camino más claro hacia el logro de nuestros objetivos y hacia una vida más satisfactoria.

Además, al cuestionar y reestructurar nuestras creencias, podemos transformar la manera en que percibimos los desafíos y las oportunidades. En lugar de ver obstáculos insuperables, comenzamos a ver oportunidades para el aprendizaje y el crecimiento.

Este cambio de perspectiva no solo nos empodera, sino que también nos permite actuar con mayor confianza y determinación en la búsqueda de nuestras metas. Por lo tanto, el análisis de nuestras creencias no solo es un ejercicio de reflexión personal, sino una herramienta poderosa para el cambio.

Al comprometernos con este proceso, nos abrimos a nuevas posibilidades y nos preparamos para vivir una vida más auténtica y alineada con nuestras aspiraciones más profundas.

Al entender y trabajar con nuestras creencias, podemos romper las cadenas que nos limitan y avanzar hacia una vida en la que nuestras acciones reflejen verdaderamente quiénes somos y qué deseamos lograr. Este proceso de autodescubrimiento y transformación es fundamental para construir un futuro más brillante y significativo.

Figura 3.15. Autodescubrimiento personal.

3.10. Aplicación de actitudes para generar autoestima

Si queremos generar autoestima en nosotros mismos, es fundamental comenzar por adoptar una mentalidad y una forma de pensar que promuevan una mayor confianza y autovaloración.

Esto implica, en primer lugar, aceptarnos tal como somos, reconociendo tanto nuestras fortalezas como las áreas en las que podemos mejorar, siempre con compasión y sin juicio. Se trata de cultivar una actitud de amor y aceptación hacia nosotros mismos, valorando nuestras cualidades positivas.

Además, es esencial utilizar nuestro lenguaje interno de manera constructiva. Debemos sustituir pensamientos negativos y autocríticos por afirmaciones positivas y

motivadoras. Por ejemplo, podemos repetir declaraciones como «soy capaz», «merezco ser feliz» o «valoro quien soy».

> **Este cambio en el lenguaje interno no solo mejora nuestra percepción de nosotros mismos, sino que también sienta las bases para una autoestima más sólida y duradera.**

La visualización es otra herramienta poderosa en la generación de autoestima. Mediante la visualización, podemos imaginar situaciones en las que nos sentimos seguros, exitosos y valorados. Al experimentar estas sensaciones en nuestra mente de manera vívida y realista, fortalecemos nuestra confianza y nos preparamos para enfrentar desafíos en la vida real.

Celebrar nuestros logros, por pequeños que sean, es un aspecto igualmente importante en el desarrollo de la autoestima.

Reconocer y valorar nuestras propias victorias nos ayuda a entender nuestro propio valor y a sentirnos más seguros en nuestras capacidades y habilidades. Cada paso que damos hacia delante, por insignificante que parezca, es una prueba de nuestro crecimiento y merece ser celebrado.

Por último, rodearnos de personas que nos apoyen y nos animen también es vital para fortalecer nuestra autoestima.

Las relaciones positivas fomentan un ambiente donde podemos expresarnos libremente y donde nuestras cualidades son reconocidas y valoradas.

Al compartir nuestras experiencias y logros con quienes nos rodean, creamos una red de apoyo que refuerza nuestra autovaloración.

Cultivar una autoestima saludable requiere un compromiso continuo con la autoaceptación, un lenguaje interno positivo, visualización y celebración de nuestros logros.

A través de estas prácticas, podemos construir una imagen más fuerte y positiva de nosotros mismos, permitiéndonos vivir con mayor confianza y autenticidad.

Figura 3.16. Buscar un entorno adecuado.

3.11. Generación de cambios significativos en nuestras creencias debilitantes

Para poder generar cambios significativos en nuestras creencias debilitantes, es fundamental comenzar por tomar conciencia de aquellas creencias que nos limitan. Este primer paso implica identificar los pensamientos negativos o autocríticos que tenemos sobre nosotros mismos, sobre las demás personas o sobre el mundo en general.

Una vez que somos conscientes de estas creencias, el siguiente paso es cuestionar su validez. Debemos preguntarnos si estas creencias son realmente ciertas y si cuentan con alguna evidencia que las respalde. A menudo, descubrimos que nuestras creencias limitantes están basadas en percepciones distorsionadas o en experiencias pasadas que ya no son relevantes para nuestra realidad actual.

El siguiente paso es trabajar en el reencuadre de estas creencias debilitantes, lo que significa cambiar la forma en que las interpretamos. Buscamos nuevas perspectivas que nos permitan ver la situación de manera más positiva y empoderadora.

Esto puede incluir la exploración de ejemplos de personas que han superado desafíos similares o la consideración de lo que nos gustaría creer en lugar de lo que nos limita.

Finalmente, el proceso culmina en el reemplazo de estas creencias debilitantes por creencias fortalecedoras. Estas son ideas o percepciones que nos empoderan y nos ayudan a avanzar hacia nuestros objetivos y metas.

Es fundamental practicar y reforzar estas nuevas creencias a través de técnicas como la visualización, que nos permite imaginar y experimentar mentalmente el éxito; la afirmación, donde repetimos declaraciones positivas que refuercen nuestra nueva mentalidad, y la exposición gradual a situaciones que desafían nuestras creencias anteriores, facilitando así un cambio en nuestra percepción.

Figura 3.17. Encontrar nuestro camino.

Al adoptar este enfoque proactivo hacia nuestras creencias debilitantes, creamos un espacio para el crecimiento personal y el empoderamiento.

Con el tiempo, esta transformación puede llevarnos a vivir de manera más auténtica, alineada con nuestras aspiraciones y potencial, permitiéndonos alcanzar un mayor nivel de satisfacción y realización en nuestra vida.

3.12. Utilización de anclajes para gestionar nuestros estados emocionales

La utilización de anclajes en la PNL es una técnica que nos permite gestionar y controlar nuestros estados emocionales de manera más efectiva.

Un anclaje es un estímulo que se asocia con una experiencia emocional específica, de modo que al exponernos a ese estímulo nuevamente, podemos evocar o recrear esa misma emoción.

En la práctica, esto significa que podemos crear anclajes para estados emocionales positivos, como la confianza, la calma o la motivación, y luego activar esos anclajes cuando los necesitemos.

Por ejemplo, podríamos asociar un gesto específico, como apretar nuestra mano, con un estado emocional de confianza y poder. Luego, cada vez que necesitemos sentirnos más seguros, podemos realizar ese gesto para activar el anclaje y evocar ese estado emocional.

Del mismo modo, también podemos utilizar anclajes para cambiar estados emocionales no deseados. Por ejemplo, podríamos asociar un movimiento o un pensamiento con la interrupción de un estado emocional negativo, como la ansiedad o el estrés.

Al activar ese anclaje, podemos cambiar nuestra respuesta emocional y pasar de un estado negativo a uno más positivo y equilibrado.

Figura 3.18. Mantener la objetividad sobre las emociones.

ACTIVIDADES FINALES

ACTIVIDAD 1: «Niveles neurológicos en acción»

Objetivo de la actividad: comprender y analizar cómo los diferentes niveles neurológicos afectan nuestras creencias, comportamientos y autoestima.

Recursos necesarios:

- Hojas de papel o cuadernos.
- Materiales para escribir (bolígrafos, lápices).
- Tarjetas o pósits de colores.
- Pizarra o rotafolio para anotar ideas.

Descripción de la actividad:

1. Introducción (10 minutos): inicia la clase explicando los niveles neurológicos y su importancia en la PNL. Destaca los seis niveles: espiritual y sistémico, identidad, creencias y valores, capacidades, comportamiento y entorno. Proporciona ejemplos breves de cada uno.

2. Reflexión individual (15 minutos): pide a cada participante que reflexione de manera individual sobre un aspecto de su vida que les gustaría mejorar. Puede ser un comportamiento, una creencia limitante o un área de su entorno que les afecta. Anímalos a anotar su reflexión en una hoja de papel.

3. Dinámica de grupos (30 minutos): forma grupos pequeños y proporciona a cada grupo tarjetas o pósits de diferentes colores. Cada color representará un nivel neurológico (por ejemplo, azul para identidad, verde para creencias, etc.).

    - Pide a cada grupo que comparta sus reflexiones y que asignen las diferentes partes de su situación a los niveles neurológicos correspondientes.

    - Los grupos deben escribir en las tarjetas qué creencias, comportamientos o aspectos del entorno están relacionados con su reflexión y en qué nivel se encuentran.

4. Puesta en común (25 minutos): cada grupo presenta su análisis al resto de la clase. A medida que cada grupo comparte, anota en un pizarrón las ideas clave y discute cómo los diferentes niveles se interrelacionan y afectan la situación de cada uno.

5. Reflexión final (15 minutos): concluye la actividad pidiendo a los participantes que reflexionen sobre cómo pueden aplicar lo aprendido para generar cambios en sus vidas. Pueden anotar una acción concreta que se comprometan a realizar.

ACTIVIDADES FINALES

ACTIVIDAD 2: «Construyendo autoestima desde los niveles»

Objetivo de la actividad: desarrollar la autoestima y la congruencia personal mediante la identificación de creencias y actitudes.

Recursos necesarios:

- Hojas de papel o cuadernos.
- Materiales para escribir (bolígrafos, lápices).
- Un espejo pequeño (opcional).
- Música suave para crear un ambiente relajante.

Descripción de la actividad:

1. Introducción (10 minutos): comienza la clase explicando la relación entre los niveles neurológicos y la autoestima. Destaca cómo nuestras creencias y valores influyen en la percepción de nosotros mismos y cómo podemos alinearlos con nuestras capacidades y comportamientos.

2. Actividad de autoexploración (20 minutos): pide a los participantes que se tomen un tiempo para reflexionar sobre sus creencias personales. Pueden escribir sobre:

   - Creencias que les empoderan y les dan confianza.
   - Creencias debilitantes que les impiden avanzar.

   Si es posible, proporciona espejos pequeños para que se miren mientras reflexionan sobre su valía y capacidades.

3. Ejercicio de afirmaciones (15 minutos): guía a los participantes a escribir afirmaciones positivas que contrarresten sus creencias limitantes. Por ejemplo, si alguien ha escrito «No soy lo suficientemente bueno», la afirmación podría ser «Soy valioso y tengo habilidades únicas que aportar».

4. Dinámica en parejas (25 minutos): forma parejas y pídeles que compartan sus afirmaciones. Cada persona debe decirle a su compañero en voz alta la afirmación del otro, creando un ambiente de apoyo y refuerzo positivo.

5. Cierre con visualización (15 minutos): finaliza la actividad con una breve meditación o visualización guiada. Pide a los participantes que cierren los ojos, respiren profundamente y se visualicen a sí mismos actuando con confianza y alineados con sus valores y creencias positivas.

ACTIVIDADES FINALES

ACTIVIDAD 3: «Mapeando mis niveles»

Objetivo de la actividad: identificar y analizar cómo los diferentes niveles neurológicos influyen en la vida personal y profesional de cada participante.

Recursos necesarios:

- Hojas de papel grandes o cartulinas.

- Marcadores de colores.

- Pósits de diferentes colores.

- Pizarra o rotafolio para la presentación.

Descripción de la actividad:

1. Introducción (10 minutos): inicia la actividad explicando brevemente qué son los niveles neurológicos y su relevancia en la PNL. Puedes dar ejemplos concretos para que el grupo comprenda mejor cada nivel.

2. Mapeo individual (20 minutos): distribuye hojas grandes o cartulinas y marcadores. Pide a cada participante que dibuje un «mapa» personal que represente sus niveles neurológicos. Indica que pueden usar símbolos, palabras o imágenes para expresar:

   - Espiritual y sistémico

   - Identidad

   - Creencias y valores

   - Capacidades

   - Comportamiento

   - Entorno

3. Creación de pósits (15 minutos): invita a los participantes a escribir en pósits de diferentes colores las creencias, comportamientos o aspectos del entorno que consideran relevantes para cada nivel. Por ejemplo, un pósit verde para creencias y uno azul para capacidades.

4. Dinámica de grupos (30 minutos): forma grupos pequeños y pídeles que compartan sus mapas. Luego, deben organizar las tarjetas en un esquema común, discutiendo cómo se interrelacionan los diferentes niveles y cómo pueden influir unos en otros.

5. Presentación grupal (15 minutos): cada grupo presenta su mapa al resto de la clase, explicando los elementos que han incluido y las conexiones que han descubierto. Anima a la discusión y al intercambio de ideas.

A C T I V I D A D E S   F I N A L E S

TEXT DE EVALUACIÓN

3.1. ¿Qué abordan los niveles neurológicos en PNL?

a) Los diferentes aspectos de la experiencia humana que influyen en nuestro comportamiento y aprendizaje.

b) La comunicación verbal exclusivamente.

c) Las técnicas de memorización.

3.2. ¿Cuál es el nivel más alto en la jerarquía de los niveles neurológicos?

a) Comportamiento.

b) Identidad.

c) Espiritual y sistémico.

3.3. ¿Qué representan las creencias y valores en los niveles neurológicos?

a) La forma en que una persona se identifica y da sentido a su vida.

b) Solo se relacionan con la percepción de uno mismo.

c) Las habilidades y competencias que una persona posee.

3.4. ¿Qué se entiende por capacidades en los niveles neurológicos?

a) Las opiniones de otras personas.

b) Las habilidades y competencias que una persona posee y puede desarrollar.

c) La personalidad de una persona.

3.5. En el contexto de los niveles neurológicos, ¿qué papel juega el entorno?

a) Influye en nuestras decisiones y cómo nos comportamos.

b) Es irrelevante en la formación de comportamientos.

c) Solo se refiere a la familia.

3.6. ¿Qué implica la alineación de los niveles neurológicos?

a) La identificación de un solo nivel neurológico.

b) La capacidad de ser congruente en pensamientos y acciones.

c) La formación de opiniones sin evidencia.

ACTIVIDADES FINALES

3.7. **¿Qué es la congruencia personal?**

a) La alineación de nuestras acciones con nuestras creencias y valores.

b) Un estado de confusión en nuestras decisiones.

c) La habilidad de cumplir con las expectativas de otros.

3.8. **¿Cómo se puede generar autoestima según los niveles neurológicos?**

a) Reconociendo y valorando nuestras capacidades y logros.

b) A través de la comparación constante con otros.

c) Ignorando las críticas externas.

3.9. **Las creencias pueden considerarse:**

a) Ideas que influyen en nuestra percepción y comportamiento.

b) Solo opiniones de las personas que nos rodean.

c) Limitaciones que no se pueden cambiar.

3.10. **¿Qué se busca al identificar las actitudes y comportamientos en relación con los diferentes niveles?**

a) Potenciar la incongruencia en la vida personal.

b) Aumentar la confusión interna sobre uno mismo.

c) Potenciar la congruencia y el bienestar personal.

3.11. **¿Qué aspecto de nuestra vida se puede analizar en relación con los niveles neurológicos?**

a) Solo la salud física.

b) Las decisiones, emociones y relaciones.

c) La cultura de un grupo específico.

3.12. **¿Qué significa identificar conflictos internos en relación con los niveles neurológicos?**

a) Ignorar la relación entre pensamientos y acciones.

b) Reconocer discrepancias entre creencias y comportamientos.

c) Evaluar únicamente las opiniones de los demás.

ACTIVIDADES FINALES

3.13. **El análisis de nuestras creencias busca:**

a) Reforzar las limitaciones existentes.

b) Mantener un enfoque cerrado.

c) Entender cómo nos afectan y si son útiles para nuestro crecimiento.

3.14. **¿Qué actitudes se pueden aplicar para generar autoestima?**

a) Fomentar el autoconocimiento y el autoaprecio.

b) Negarse a aceptar elogios.

c) Evitar el autoanálisis.

3.15. **¿Cómo se utilizan los anclajes en la gestión de estados emocionales?**

a) Son técnicas para olvidar experiencias negativas.

b) Se utilizan únicamente para controlar las emociones de otros.

c) Permiten asociar un estado emocional a un estímulo específico para acceder a él cuando se necesite.

Comunicación y educación emocional

Se abordan herramientas clave para mejorar nuestras relaciones, como el *rapport*, la escucha activa o las posiciones perceptivas. Además, se profundiza en la educación emocional, la pedagogía sistémica y los órdenes del amor según Hellinger, ampliando la mirada educativa desde lo personal hasta lo transgeneracional.

Contenido

4.1. El arte de la comunicación. *Rapport*

La Programación Neurolingüística (PNL) se entrelaza estrechamente con el arte de la comunicación al ofrecer herramientas y técnicas que mejoran nuestras habilidades de interacción y conexión con los demás.

En este contexto, la PNL nos invita a explorar cómo utilizamos tanto el lenguaje verbal como el no verbal para influir en nuestras propias percepciones y en las de las demás personas.

Un concepto fundamental en la comunicación según la PNL es el de **rapport,** que se refiere a la habilidad de establecer una conexión empática y armoniosa con quienes nos rodean. Establecer *rapport* es esencial para crear un ambiente de confianza y comprensión, lo cual facilita la interacción y el intercambio de ideas.

La PNL enseña diversas técnicas para lograr *rapport* rápidamente, como la sincronización del lenguaje corporal, que implica ajustar nuestros gestos y posturas a los de nuestro interlocutor, así como la adaptación del estilo de comunicación al de la otra persona.

Además, la PNL nos anima a ser flexibles y adaptables en nuestra comunicación. Esto significa reconocer que cada persona es única y responde de manera diferente a distintos estímulos.

Figura 4.1. Comunicación emocional en el momento actual.

Por lo tanto, es vital ser consciente de nuestras propias preferencias de comunicación y estar dispuestos a ajustar nuestro enfoque para satisfacer las necesidades y preferencias de los demás. Esto puede incluir el uso de un lenguaje que resuene con la persona con la que estamos interactuando o la adaptación de nuestro tono y ritmo al contexto de la conversación.

Por último, el desarrollo de habilidades de *rapport* no solo mejora la calidad de nuestras interacciones, sino que también enriquece nuestras relaciones personales y profesionales.

Al fomentar una conexión más profunda y auténtica, creamos un espacio propicio para la colaboración, la comprensión mutua y el crecimiento conjunto. En última instancia, la práctica del *rapport* a través de la PNL puede transformar nuestras experiencias comunicativas, llevándonos hacia un nivel más significativo de interacción humana.

4.2. Posiciones perceptivas

Las posiciones perceptivas en PNL son una herramienta que nos permite explorar una situación desde diferentes perspectivas o puntos de vista.

Estas posiciones representan distintas formas de percibir y entender una situación, lo que puede proporcionarnos una comprensión más completa y profunda de la misma. Hay tres posiciones perceptivas principales en la PNL:

1. Posición del yo
2. Posición de la otra persona
3. Posición del observador

Figura 4.2. Llegar a acuerdos.

La práctica de cambiar entre estas posiciones perceptivas nos permite obtener una comprensión más completa y equilibrada de una situación. Nos ayuda a considerar diferentes puntos de vista, a entender mejor las dinámicas de la interacción y a tomar decisiones más informadas. Además, nos ayuda a desarrollar empatía hacia los demás al ponernos en su lugar y a mantener una perspectiva objetiva y desapegada al observar desde la tercera posición.

4.2.1. Primera posición: yo

Cuando adoptamos la **primera posición** en el marco de la Programación Neurolingüística (PNL), nos centramos en nuestras propias percepciones y experiencias en una situación determinada. Esto implica una conciencia profunda de nuestros pensamientos, sentimientos, creencias y deseos en relación con lo que está sucediendo a nuestro alrededor. Nos enfocamos en cómo la situación nos afecta de manera personal y en el significado que le otorgamos, lo que nos permite conectar de manera más íntima con nuestra experiencia subjetiva.

La primera posición es fundamental en nuestro proceso de autoconocimiento y desarrollo personal. Al centrarnos en nosotros mismos, podemos identificar y reconocer nuestras propias necesidades y deseos, así como establecer límites claros que nos ayuden a cuidar nuestro bienestar emocional. Esta autorreflexión no solo nos ayuda a entender mejor nuestras reacciones y emociones, sino que también nos capacita para comunicarnos de manera más auténtica y efectiva con los demás.

Al adoptar la primera posición, tenemos la oportunidad de explorar nuestros propios **puntos ciegos,** sesgos y patrones de comportamiento que podrían estar influyendo en nuestras decisiones y en cómo nos relacionamos con los demás.

Figura 4.3. El yo.

Esta exploración interna nos brinda la posibilidad de reflexionar sobre nuestras reacciones automáticas en diversas situaciones y de tomar decisiones más conscientes y alineadas con nuestros valores y objetivos.

Este enfoque también implica reconocer que nuestras experiencias son únicas y que la forma en que interpretamos y respondemos a los eventos de nuestra vida es un reflejo de nuestra identidad y nuestras vivencias pasadas. Por ejemplo, al reflexionar sobre una situación desafiante, podemos preguntarnos: «¿Qué necesito aprender de esta experiencia? ¿Qué emociones estoy sintiendo y por qué?». Este tipo de preguntas nos permite profundizar en nuestro autoconocimiento y fomentar un crecimiento personal significativo.

Además, la primera posición nos anima a ser más compasivos con nosotros mismos. Aceptar nuestras emociones, incluso las que consideramos negativas, nos permite integrarlas en nuestra experiencia sin juzgarlas. Este proceso de aceptación es esencial para desarrollar una autoestima saludable y una mayor resiliencia ante los desafíos de la vida.

En resumen, al adoptar la primera posición en la PNL, no solo fortalecemos nuestra conexión con nosotros mismos, sino que también creamos un espacio seguro para la autorreflexión y el crecimiento. Esto nos permite enfrentar los desafíos de manera más consciente y alineada con nuestros valores, lo que resulta en una vida más auténtica y plena. Al final, este enfoque puede transformar nuestra forma de relacionarnos con el mundo y con los demás, promoviendo una vida más significativa y satisfactoria.

4.2.2. Segunda posición: el otro

Cuando adoptamos la **segunda posición** en el marco de la Programación Neurolingüística (PNL), nos esforzamos por comprender las percepciones y sentimientos de la otra persona, así como sus motivaciones y preocupaciones.

Este enfoque implica una profunda empatía y la capacidad de ponernos en el lugar del otro, imaginando cómo se sentiría y qué pensaría en una situación específica. Al hacerlo, podemos explorar la realidad desde una perspectiva diferente, lo que enriquece nuestra comprensión de la interacción humana.

La segunda posición es crucial para mejorar la comunicación y las relaciones interpersonales. Al esforzarnos por entender las perspectivas de quienes nos rodean, podemos establecer conexiones más profundas y significativas, lo que nos permite comunicarnos de manera más efectiva. Esta comprensión empática es especialmente valiosa en situaciones de conflicto, donde la escucha activa y la apertura hacia el punto de vista del otro pueden transformar tensiones en oportunidades para el diálogo y la colaboración.

Por ejemplo, al dialogar con un compañero de trabajo sobre un proyecto, practicar la segunda posición nos lleva a considerar sus inquietudes y necesidades. Al preguntar:

«¿Cómo te sientes respecto a esta propuesta?» o «¿Qué aspectos te preocupan?», no solo validamos sus emociones, sino que también fomentamos un ambiente de respeto y confianza. Esto puede resultar en soluciones más creativas y satisfactorias para todas las partes involucradas, ya que se sienten escuchadas y valoradas.

Figura 4.4. Conocer al otro.

Además, la segunda posición nos ayuda a desarrollar nuestra capacidad de liderazgo y negociación. Al comprender las necesidades y preocupaciones de los demás, podemos encontrar soluciones que satisfagan a todas las partes y construir relaciones basadas en la confianza y el respeto mutuo. En el ámbito del liderazgo, este enfoque nos permite inspirar y motivar a otros, reconociendo que cada persona tiene su propia experiencia y perspectiva que aportar.

Al adoptar la segunda posición, también cultivamos nuestra inteligencia emocional. Esta habilidad nos permite manejar nuestras propias emociones y las de quienes nos rodean con mayor eficacia, lo que resulta en interacciones más positivas y constructivas. En situaciones desafiantes, podemos responder con más calma y comprensión, lo que favorece un ambiente de cooperación y colaboración.

Además, este enfoque promueve una cultura de inclusión y diversidad. Al valorar las diferentes experiencias y perspectivas, contribuimos a un entorno en el que todas las voces son escuchadas y respetadas. Esta apertura no solo enriquece nuestras relaciones interpersonales, sino que también impulsa el crecimiento colectivo y el aprendizaje en nuestras comunidades.

Cuando decidimos adoptar la segunda posición en la PNL, no solo mejoramos nuestras habilidades comunicativas y nuestra capacidad para resolver conflictos, sino que también fomentamos relaciones más saludables y significativas. Este enfoque empático nos permite abrazar la diversidad de experiencias humanas y construir puentes de entendimiento y colaboración, lo que resulta en una vida más rica y plena en comunidad.

Figura 4.5. Diferentes perspectivas.

4.2.3. Tercera posición: nosotros

En la **tercera posición,** nos centramos en la relación y la interacción entre las personas involucradas en una situación, en lugar de enfocarnos únicamente en nuestras propias experiencias (primera posición) o en las percepciones de una persona específica (segunda posición). Este enfoque nos permite adoptar una perspectiva más amplia que considera las dinámicas que surgen de la interacción de todas las partes implicadas.

Cuando adoptamos la **posición de nosotros,** dirigimos nuestra atención hacia la dinámica relacional, preguntándonos cómo la interacción entre las personas contribuye a la situación en general. Observamos cómo se comunican, colaboran y se influyen mutuamente, así como la manera en que se relacionan entre sí. Este enfoque implica prestar atención a los patrones de comunicación, los niveles de confianza, la cooperación y cualquier otro aspecto relevante de las relaciones interpersonales.

La posición de nosotros es particularmente útil en situaciones donde el enfoque en la relación es fundamental para comprender completamente lo que está sucediendo. Por ejemplo, en el ámbito de las **terapias de pareja** o **familiares,** la tercera posición es esencial para identificar y comprender los patrones de comunicación y los conflictos interpersonales que pueden estar afectando la dinámica familiar. A través de esta perspectiva, el terapeuta puede ayudar a las partes a ver no solo sus propios sentimientos, sino también cómo esos sentimientos se entrelazan y afectan a la relación en su conjunto.

Del mismo modo, en entornos de **trabajo en equipo** o **colaborativos,** la tercera posición nos permite evaluar la eficacia de la colaboración y la cohesión del grupo. Al observar cómo los miembros del equipo se comunican y trabajan juntos, podemos identificar áreas de mejora en la comunicación y la cooperación, lo que puede llevar a un ambiente de trabajo más productivo y armonioso. Esto es especialmente importante en proyectos que requieren una colaboración intensiva, donde la sinergia entre los integrantes puede marcar la diferencia en el resultado final.

Al adoptar la posición de nosotros, desarrollamos una comprensión más profunda de cómo las relaciones interpersonales influyen en las dinámicas grupales y cómo estas dinámicas afectan a los individuos involucrados.

Este enfoque nos ayuda a comprender que las relaciones no son simplemente la suma de las partes, sino que crean un sistema complejo donde las interacciones y las percepciones de cada persona impactan en el todo.

Por ejemplo, en un equipo de trabajo que enfrenta un desafío, al observar desde la tercera posición, podemos identificar si hay falta de comunicación, desconfianza o incluso conflictos latentes que impiden el progreso. Con esta información, se pueden implementar estrategias que fomenten un ambiente de apoyo y colaboración, lo que a su vez mejora no solo el desempeño del equipo, sino también el bienestar emocional de sus miembros.

Además, esta posición nos brinda la oportunidad de reflexionar sobre nuestro papel dentro de un grupo y cómo nuestras acciones y reacciones impactan en la dinámica general. Al comprender el contexto relacional en el que nos encontramos, podemos tomar decisiones más informadas y conscientes que promuevan relaciones más saludables y efectivas.

Al adoptar la **tercera posición,** no solo mejoramos nuestra capacidad para analizar situaciones complejas desde una perspectiva más holística, sino que también fortalecemos nuestras habilidades para construir relaciones interpersonales más sólidas y efectivas. Este enfoque es invaluable en una variedad de contextos, desde la terapia y la mediación hasta el trabajo en equipo y el liderazgo, ya que nos ayuda a cultivar una comprensión más rica y matizada de las interacciones humanas.

Figura 4.6. El nosotros.

4.2.4. Cuarta posición: familia-escuela

La **cuarta posición** se centra en la relación y la interacción entre la familia y la escuela en el proceso de educación y desarrollo de los niños. Esta perspectiva destaca la importancia de la colaboración y la comunicación efectiva entre estos dos entornos para el bienestar y el éxito académico y emocional de los menores. En este sentido, se reconoce que tanto la familia como la escuela desempeñan roles fundamentales en la educación y el desarrollo integral de los niños, ya que ambos contextos aportan influencias, experiencias y recursos únicos que contribuyen a su crecimiento y aprendizaje.

Desde la perspectiva familiar, se espera que los progenitores y cuidadores proporcionen un ambiente de apoyo, amor y estabilidad en el hogar. Este ambiente no solo es esencial para el bienestar emocional de los niños, sino que también crea un espacio donde pueden sentirse seguros y motivados para explorar el mundo.

Además, se espera que los progenitores participen activamente en la educación de sus hijos, colaborando con la escuela en diversas actividades y apoyando el aprendizaje en el hogar. Esta participación puede manifestarse de diversas maneras, como ayudar con las tareas escolares, asistir a reuniones y eventos educativos, y fomentar un diálogo abierto sobre la importancia de la educación.

Por su parte, desde la perspectiva de la escuela, se espera que los educadores ofrezcan un entorno educativo seguro y enriquecedor, así como oportunidades de aprendizaje que se adapten a las necesidades individuales de cada estudiante.

Los educadores son responsables de crear un ambiente en el que todos los alumnos se sientan valorados y respetados, promoviendo así un clima de aula positivo que facilite el aprendizaje.

Además, es crucial que los formadores se comuniquen de manera efectiva con los progenitores y cuidadores, compartiendo información sobre el progreso académico, el comportamiento y las necesidades particulares de los menores.

Esta comunicación puede incluir informes de progreso, reuniones regulares y el uso de plataformas digitales que faciliten el intercambio de información.

La posición «familia-escuela» enfatiza la importancia de una colaboración sólida y una comunicación abierta entre estos dos entornos. Cuando la familia y la escuela trabajan juntas como socios en la educación de los niños, se crea un sistema de apoyo más completo y efectivo que beneficia su desarrollo integral.

Esta colaboración no solo fortalece la relación entre los educadores y los progenitores, sino que también envía un mensaje poderoso a los niños sobre la importancia de la educación y el valor del trabajo en equipo.

Un enfoque colaborativo puede manifestarse a través de iniciativas como talleres y programas de formación para padres/madres y cuidadores, donde se les brinde herramientas y estrategias para apoyar el aprendizaje de sus hijos en casa.

También es esencial promover la participación de las familias en la toma de decisiones relacionadas con la educación, lo que puede incluir desde la creación de políticas escolares hasta la planificación de actividades educativas. Esta participación no solo refuerza el compromiso de las familias con la educación de sus hijos, sino que también les permite sentirse parte activa de la comunidad escolar.

Además, la colaboración entre familia y escuela es particularmente relevante en situaciones donde los niños enfrentan desafíos académicos o emocionales. Un enfoque integrado que involucre a ambos entornos puede facilitar la identificación temprana de problemas y la implementación de soluciones efectivas.

Por ejemplo, si un estudiante muestra signos de ansiedad o dificultades en el aprendizaje, la comunicación entre los educadores y los progenitores puede ser clave para desarrollar un plan de apoyo que aborde estas necesidades de manera integral.

La **cuarta posición** subraya la importancia de la colaboración entre la familia y la escuela como un factor clave en el éxito educativo y emocional de los niños.

Al trabajar juntos y establecer una comunicación abierta y efectiva, ambos entornos pueden crear un sistema de apoyo que potencie el desarrollo integral de los menores, favoreciendo su bienestar y su capacidad para enfrentar los retos de la vida con confianza y resiliencia.

Figura 4.7. Familia y escuela.

4.3. Escucha activa

La escucha activa va más allá de escuchar sin más. La escucha activa es una habilidad fundamental en la comunicación interpersonal que implica prestar atención completa a lo que la otra persona está diciendo, tanto verbal como no verbalmente, y demostrar interés genuino en comprender sus pensamientos, sentimientos y puntos de vista.

En la PNL, la escucha activa se considera una herramienta poderosa para mejorar la calidad de nuestras interacciones y construir relaciones más sólidas y significativas.

En el contexto de la PNL, la escucha activa implica más que simplemente escuchar las palabras que se dicen. También implica sintonizar con otros aspectos de la comunicación, como el lenguaje corporal, el tono de voz y la expresión facial, para captar el significado completo detrás del mensaje.

¿DE QUÉ MANERA SE RELACIONA LA PNL CON LA ESCUCHA ACTIVA?

- **Calibración:** en la PNL, se enseña la habilidad de calibrar o leer las señales verbales y no verbales de una persona para comprender mejor su estado emocional y su experiencia interna. Esto significa prestar atención a los cambios sutiles en el lenguaje corporal, la expresión facial y el tono de voz, lo que nos permite ajustar nuestra comunicación en consecuencia y responder de manera más efectiva.

- *Rapport:* la escucha activa es esencial para establecer y mantener *rapport*, que es la conexión empática y armoniosa con las demás personas. Al demostrar una escucha atenta y comprensiva, creamos un ambiente de confianza y apertura que facilita una comunicación más efectiva y una relación más sólida.

- **Empatía:** la escucha activa nos ayuda a desarrollar empatía, que es la capacidad de comprender y compartir los sentimientos de los demás. Al escuchar activamente a alguien, mostramos interés genuino en sus experiencias y puntos de vista, lo que fortalece nuestra conexión emocional y nuestra capacidad para relacionarnos con los demás.

Podríamos definir 5 pasos en el desarrollo de la escucha activa efectiva:

1. Escuchar el contenido
2. Escuchar la intención
3. Valorar la comunicación no verbal del emisor
4. Controlar su comunicación no verbal y los filtros emocionales
5. Escuchar al emisor, comprensivamente y sin hacer juicios

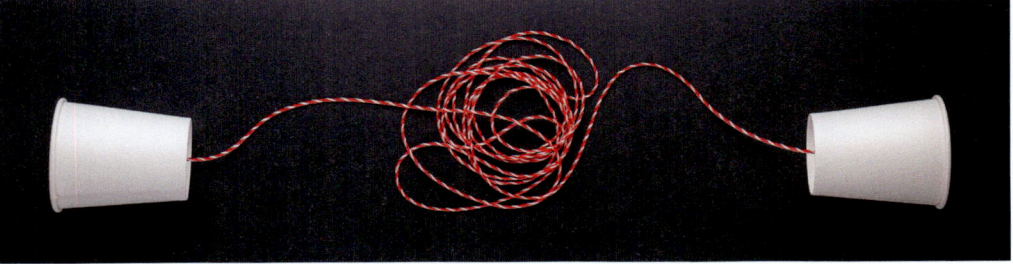

Figura 4.8. Escucha efectiva.

4.4. La educación emocional

La educación emocional se centra en el reconocimiento, comprensión y gestión de las emociones, así como en el fomento de habilidades relacionadas con la empatía, las relaciones interpersonales y la resolución de conflictos.

Por otro lado, la PNL ofrece herramientas y técnicas prácticas para mejorar la comunicación, comprender el funcionamiento de la mente y mejorar la calidad de vida de las personas.

En el contexto de la educación emocional, la PNL puede ser una herramienta valiosa para ayudar a las personas a desarrollar una mayor conciencia emocional y habilidades para manejar sus emociones de manera efectiva.

Por ejemplo, la PNL enseña técnicas de calibración que permiten a las personas reconocer las señales verbales y no verbales que indican el estado emocional de los demás, lo que facilita una mejor comprensión y empatía.

Además, la PNL ofrece técnicas para gestionar las emociones de manera más efectiva, como el anclaje, que permite asociar estados emocionales positivos con estímulos específicos. Esto puede ser útil para cambiar estados emocionales no deseados y fomentar un mayor bienestar emocional.

La PNL también se enfoca en la comunicación efectiva, lo que incluye la capacidad de expresar y comprender las emociones de manera clara y precisa. Esto puede ser especialmente útil en el contexto educativo, donde la comunicación empática y la expresión adecuada de las emociones pueden contribuir al establecimiento de relaciones positivas entre formadores y alumnado, así como entre ellos mismos.

Figura 4.9. Educación emocional.

4.5. Pedagogía sistémica: la educación de la vida

La pedagogía sistémica se centra en comprender y abordar la educación desde una perspectiva holística, que reconoce la interconexión entre los diferentes sistemas y contextos en los que las personas están inmersas.

Esto incluye no solo el entorno educativo tradicional, como la escuela o la universidad, sino también el contexto familiar, comunitario y social en general.

La pedagogía sistémica busca promover el aprendizaje significativo y el desarrollo integral de las personas, teniendo en cuenta la influencia de estos diferentes sistemas en su proceso educativo.

Por otro lado, la «educación de la vida» en la PNL se refiere al enfoque educativo que se centra en enseñar habilidades prácticas y estrategias para el éxito personal y profesional en la vida cotidiana.

Esto incluye el desarrollo de habilidades de comunicación efectiva, gestión del tiempo, establecimiento de metas, resolución de problemas o manejo del estrés, entre otras.

Cuando se habla de la «educación de la vida» en el contexto de la PNL, se hace sobre todo referencia a enseñar a las personas cómo utilizar sus propios recursos internos y habilidades para alcanzar sus objetivos y maximizar su potencial en todas las áreas de sus vidas. Esto implica aprender a utilizar el poder del lenguaje y la mente para influir en nuestros pensamientos, emociones y comportamientos de manera positiva y constructiva.

Figura 4.10. Organización de las emociones.

4.6. Órdenes del amor de Bert Hellinger

Las «órdenes del amor» son principios fundamentales desarrollados por Bert Hellinger, un terapeuta alemán conocido por su trabajo en terapia familiar sistémica.

Estos principios se basan en observaciones y experiencias de trabajo con familias y sistemas sociales, y proporcionan una comprensión profunda de las dinámicas familiares y los patrones de comportamiento de las personas que las componen.

Las órdenes del amor se refieren a las leyes naturales y universales que gobiernan las relaciones humanas y familiares. Estas leyes son fundamentales para el bienestar y la armonía en las familias y otros sistemas sociales.

Algunos de los principios clave incluyen:

- **Pertenencia:** todas las personas de una misma familia tienen el derecho innato de pertenecer y ser reconocidos como parte de la familia. Incluso aquellos que han sido excluidos, rechazados o ignorados siguen perteneciendo a la familia y su ausencia puede tener un impacto significativo en el sistema.

- **Jerarquía:** en cualquier sistema familiar, existe una jerarquía natural que determina el orden de los roles y responsabilidades. Los progenitores ocupan un lugar central en la jerarquía familiar, seguido por los hijos en orden de nacimiento. Cuando esta jerarquía se ve alterada o desafiada, pueden surgir conflictos y problemas en el sistema.

- **Equilibrio entre el dar y el recibir:** las relaciones saludables se basan en un equilibrio entre dar y recibir amor, cuidado y apoyo. Cuando este equilibrio se rompe y uno de los miembros da más de lo que recibe o recibe más de lo que da, pueden surgir conflictos y resentimientos en el sistema.

- **Lealtades y vínculos:** las personas que forman parte de una familia están conectadas por fuertes lazos de lealtad y amor, incluso más allá de la muerte. Estos lazos pueden influir en las relaciones y comportamientos de las generaciones posteriores, a veces de manera inconsciente.

Figura 4.11. Bienestar emocional.

4.6.1. La pertenencia al sistema

Según este principio, todas las personas miembros de una familia tienen el derecho innato de pertenecer y ser reconocidos como parte de la familia, independientemente de su situación o comportamiento.

Hellinger observó que, en muchas familias, pueden surgir problemas cuando este principio de pertenencia se ve comprometido. Esto puede ocurrir cuando un integrante de la familia es excluido, rechazado o ignorado por alguna razón. Incluso si un miembro de la familia ha cometido errores graves o ha sido marginado, aún conserva su lugar en la familia y su ausencia puede tener un impacto significativo en el sistema.

Este principio destaca la importancia de aceptar y reconocer a todas las personas miembros de la familia, incluso aquellos que pueden haber sido objeto de conflictos, escándalos o tragedias.

Al hacerlo, se restablece el equilibrio y la armonía en el sistema familiar, lo que permite que el amor y el apoyo fluyan libremente entre todos los integrantes.

4.6.2. El lugar que cada cual ocupa en el sistema

Este principio se refiere al orden natural y la estructura de roles dentro de una familia o cualquier sistema social. Según este principio, cada miembro de la familia ocupa un lugar específico en la jerarquía, determinado por su posición en relación con los demás miembros.

En el contexto familiar, los progenitores ocupan el lugar más alto en la jerarquía, seguidos por los hijos en orden de nacimiento.

Este orden natural refleja la autoridad y responsabilidad de los progenitores en la crianza y cuidado de los hijos, así como la posición de liderazgo que ocupan en la familia.

Cuando la jerarquía se ve alterada o desafiada, pueden surgir conflictos y problemas en el sistema familiar.

Por ejemplo, si un hijo intenta asumir un papel de autoridad sobre los progenitores o los hermanos, puede generar tensiones y resentimientos dentro de la familia.

Del mismo modo, si un progenitor no asume su papel de líder y protector de la familia, puede crear desequilibrios en la dinámica familiar.

4.6.3. La relación entre dar y recibir, entre dar y tomar

Este principio se refiere al equilibrio entre dar y recibir amor, cuidado, apoyo y otros recursos dentro de las relaciones humanas, especialmente en el contexto familiar. Según este principio, las relaciones saludables se caracterizan por un equilibrio adecuado entre dar y recibir.

Esto significa que cada miembro de la familia tiene la oportunidad de dar y recibir amor y apoyo de manera equitativa. Cuando este equilibrio se rompe, y uno de los miembros da más de lo que recibe o recibe más de lo que da, pueden surgir conflictos y desequilibrios en la relación.

Por ejemplo, si un miembro de la familia se siente constantemente obligado a dar y cuidar de los demás sin recibir nada a cambio, puede experimentar resentimiento, agotamiento emocional y sentimientos de injusticia. Del mismo modo, si un miembro de la familia siempre recibe sin dar nada a cambio, puede crear resentimiento y discordia en la relación.

La clave para mantener una relación saludable y equilibrada es fomentar un ambiente donde el dar y recibir se practique de manera mutua y consciente. Esto implica ser conocedor de las necesidades y deseos de los demás, así como comunicar de manera clara y abierta nuestras propias necesidades y límites.

Además, es importante reconocer que el dar y recibir no solo se aplica al amor y el cuidado emocional, sino también a otros recursos como el tiempo, la atención, el apoyo económico y los esfuerzos prácticos. Al cultivar un equilibrio saludable entre dar y recibir en todas las áreas de la relación, se fortalece la conexión y la armonía entre los miembros de la familia.

Figura 4.12. Relaciones interpersonales.

4.7. Ampliar la mirada

Ampliar la mirada, en el contexto de la Programación Neurolingüística (PNL), se refiere a la capacidad de adoptar diferentes perspectivas y puntos de vista para comprender de manera más profunda una situación o problema.

Esta habilidad implica ir más allá de nuestras percepciones iniciales y abrirnos a nuevas posibilidades y enfoques que quizás no habíamos considerado anteriormente. Al hacerlo, somos capaces de explorar una gama más amplia de pensamientos, sentimientos y comportamientos, lo que nos permite encontrar soluciones creativas y efectivas.

El acto de ampliar la mirada no solo nos ayuda a entender mejor las circunstancias que nos rodean, sino que también enriquece nuestra experiencia personal y nuestras interacciones con los demás. Al adoptar múltiples perspectivas, podemos desarrollar una mayor empatía hacia los demás, lo que resulta fundamental para mejorar la comunicación y las relaciones interpersonales.

Esta empatía nos permite ver más allá de nuestras propias experiencias y comprender las motivaciones y preocupaciones de quienes nos rodean, lo que facilita una conexión más auténtica y significativa.

Desde el punto de vista del autoconocimiento, ampliar la mirada nos invita a reflexionar sobre nuestras propias creencias, valores y patrones de comportamiento. Nos proporciona la oportunidad de cuestionar nuestras percepciones y reconocer que hay múltiples formas de interpretar una misma situación. Esta reflexión puede llevarnos a un mayor entendimiento de nosotros mismos, así como a la identificación de áreas en las que podemos crecer y desarrollarnos. Por ejemplo, si nos enfrentamos a un conflicto, en lugar de quedarnos atrapados en nuestro punto de vista, al ampliar nuestra mirada, podemos considerar cómo podría sentirse la otra persona y qué necesidades pueden estar en juego.

Además, esta capacidad de ampliar la mirada es especialmente valiosa en contextos de resolución de problemas y toma de decisiones. Cuando nos enfrentamos a un desafío, en lugar de quedarnos en un enfoque rígido, podemos explorar diversas alternativas y enfoques que podrían no ser evidentes a primera vista. Esto no solo aumenta nuestras posibilidades de encontrar soluciones efectivas, sino que también fomenta un ambiente más colaborativo, donde se valora la diversidad de ideas y se promueve la creatividad.

La ampliación de la mirada también se relaciona con el concepto de flexibilidad mental, un principio clave en la PNL. La flexibilidad mental nos permite adaptarnos a

Figura 4.13. Ponernos en el lugar del otro.

nuevas situaciones y ser receptivos a la retroalimentación, lo que es fundamental para nuestro crecimiento personal y profesional. Al cultivar esta flexibilidad, no solo mejoramos nuestra capacidad para afrontar los cambios y desafíos de la vida, sino que también nos volvemos más resilientes ante las adversidades.

Saber ampliar la mirada es una habilidad crucial en la PNL que nos permite adoptar diversas perspectivas para entender mejor las situaciones, fomentar la empatía y mejorar nuestras relaciones interpersonales, así como fortalecer nuestro autoconocimiento. Al practicar esta habilidad, nos abrimos a un mundo de posibilidades, donde la creatividad y la solución de problemas se convierten en herramientas efectivas para navegar por la vida de manera más satisfactoria y enriquecedora.

4.7.1. Mirada transgeneracional

En este tipo de mirada, nos referimos a la idea de que nuestras experiencias y patrones de comportamiento, no solo están influenciados por nuestras propias vivencias, sino también por las experiencias y creencias de generaciones pasadas en nuestra familia.

Esta perspectiva reconoce la importancia de explorar y comprender la historia familiar de cada persona, para entender mejor nuestros propios comportamientos y patrones mentales.

En la PNL se cree que muchas de nuestras actitudes, creencias y comportamientos están arraigadas en experiencias familiares pasadas que pueden ser transmitidas de generación en generación a través de patrones lingüísticos, sistemas de creencias y modelos de comportamiento.

Al explorar y comprender estas influencias transgeneracionales, podemos identificar y cambiar patrones limitantes o negativos que pueden estar afectando nuestra vida en el presente.

Figura 4.14. Compartir experiencias.

La mirada transgeneracional en la PNL también puede implicar técnicas específicas para explorar y trabajar con las dinámicas familiares y los sistemas de creencias que pueden estar afectando nuestra vida actual. Esto puede incluir técnicas de visualización, modelado de comportamiento, trabajo con metáforas y otras herramientas de la PNL diseñadas para cambiar patrones mentales y emocionales arraigados.

4.7.2. Mirada intergeneracional

La mirada intergeneracional es similar a la mirada transgeneracional, pero se centra en las interacciones y dinámicas entre diferentes generaciones dentro de una misma familia o comunidad en lugar de solo enfocarse en las influencias de generaciones pasadas en una persona concreta.

En este contexto, la mirada intergeneracional reconoce que nuestras relaciones y experiencias con personas de diferentes generaciones, como nuestros padres/madres, abuelos/abuelas, hijos/hijas, nietos/nietas y otros familiares, tienen un impacto significativo en nuestra forma de ser, pensar y comportarnos. Se considera que estas interacciones intergeneracionales moldean nuestra identidad, valores, creencias y comportamientos de manera continua a lo largo de nuestras vidas.

La mirada intergeneracional en la PNL implica explorar cómo las relaciones y dinámicas entre diferentes generaciones influyen en nuestra percepción del mundo, en nuestras habilidades de comunicación, en nuestras creencias sobre el éxito y el fracaso, y en nuestras expectativas sobre el futuro. También se centra en cómo podemos aprovechar estas relaciones para promover un mayor entendimiento, apoyo y crecimiento personal y colectivo.

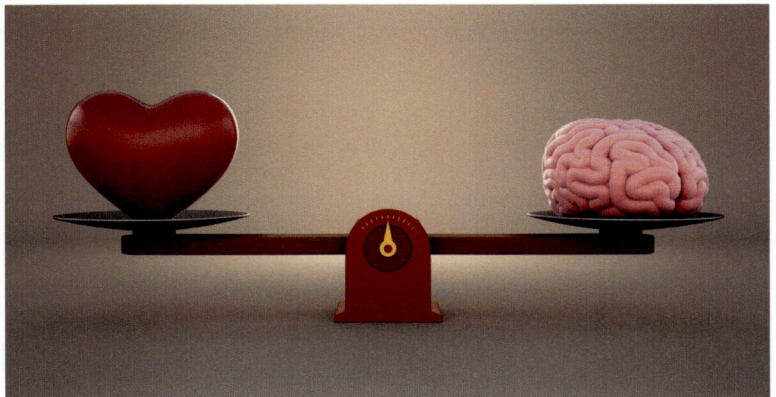

Figura 4.15. Equilibrio emocional.

Al igual que con la mirada transgeneracional, en la PNL se utilizan técnicas específicas para explorar y trabajar con las dinámicas intergeneracionales, como la comunicación efectiva entre diferentes generaciones, la resolución de conflictos familiares, la identificación y cambio de patrones de comportamiento heredados, y la promoción de relaciones más saludables y empáticas entre personas de diferentes edades.

4.7.3. Mirada intrageneracional

La mirada intrageneracional se refiere al análisis de las relaciones, dinámicas y patrones de comportamiento dentro de una misma generación, es decir, entre personas que comparten una edad o período de vida similar.

A diferencia de la mirada transgeneracional e intergeneracional, que se centran en las influencias entre diferentes generaciones, la mirada intrageneracional se enfoca en las interacciones y experiencias compartidas entre individuos de una misma cohorte generacional.

En el contexto de la PNL, la mirada intrageneracional implica explorar cómo las experiencias comunes, las tendencias culturales y los eventos históricos pueden influir en la forma en que las personas de una misma generación perciben el mundo, se relacionan entre sí y desarrollan patrones de pensamiento y comportamiento.

Algunos ejemplos de temas que pueden abordarse desde la mirada intrageneracional en la PNL serían los siguientes:

- Identificación de patrones de comunicación y comportamiento comunes dentro de una generación específica.

- Exploración de las creencias y valores compartidos por personas de una misma edad.

- Análisis de cómo los eventos históricos o culturales impactan en la forma en que una generación ve el mundo y se relaciona con los demás.

- Reconocimiento de las tendencias generacionales en el desarrollo personal, la carrera profesional y la vida familiar.

- Comprender cómo las experiencias compartidas de una generación pueden influir en la formación de identidades grupales y en la construcción de la cohesión social.

Figura 4.16. Establecer conexiones.

4.7.4. Mirada intrapsíquica

La mirada intrapsíquica en la PNL se centra en el análisis de los procesos internos de la mente de una persona.

Esto implica explorar cómo los pensamientos, emociones, creencias y percepciones internas influyen en nuestro comportamiento y experiencia personal.

En lugar de simplemente examinar el comportamiento observable, la mirada intrapsíquica nos invita a adentrarnos en el mundo interno de la mente para comprender mejor cómo funciona y cómo podemos influir en él. Se trata de explorar los diálogos internos que mantenemos, las imágenes mentales que creamos, las emociones que experimentamos y las creencias subconscientes que nos guían.

A través de esta mirada intrapsíquica, podemos identificar y cambiar patrones de pensamiento negativos o limitantes, transformar creencias arraigadas que nos impiden avanzar y gestionar nuestras emociones de manera más efectiva.

También nos permite desarrollar una mayor conciencia de nosotros mismos y de nuestras propias motivaciones, lo que nos capacita para tomar decisiones más conscientes y alineadas con nuestros objetivos y valores personales.

4.8. Reflexión acerca del papel de la educación en el cambio de la sociedad

La PNL ofrece una perspectiva interesante sobre el papel de la educación en el cambio de la sociedad.

Desde la PNL, se sostiene que nuestras experiencias pasadas, creencias y patrones de comportamiento influyen en nuestra forma de ver el mundo y de interactuar con él. En este sentido, la educación puede desempeñar un papel fundamental al proporcionar herramientas y técnicas para transformar estos patrones y promover un cambio positivo tanto de ámbito individual como colectivo.

La PNL enfatiza la importancia de desarrollar habilidades como la comunicación efectiva, la gestión emocional, la resolución de conflictos y el liderazgo, que son fundamentales para construir una sociedad más colaborativa, compasiva y empática.

A través de la educación en PNL, las personas pueden aprender a comprenderse mejor a sí mismas y a los demás, a comunicarse de manera más clara y respetuosa, y a desarrollar relaciones más saludables y significativas.

Además, nos ofrece herramientas prácticas para el cambio personal y el desarrollo de habilidades que son esenciales para abordar los desafíos sociales y construir un futuro más sostenible y equitativo.

Figura 4.17. PNL en la sociedad.

Por ejemplo, técnicas como la visualización, la modelización de comportamientos exitosos y la gestión eficaz del tiempo pueden ayudar a las personas a establecer y alcanzar metas personales y profesionales que contribuyan al bienestar de la sociedad en su conjunto.

4.9. Descripción del autoconocimiento

El autoconocimiento es un aspecto fundamental en la PNL.

Se refiere a la capacidad de una persona para comprenderse a sí misma en profundidad, incluyendo sus pensamientos, emociones, creencias, valores y patrones de comportamiento. La PNL ofrece herramientas y técnicas que pueden ayudar a las personas a desarrollar y fortalecer su autoconocimiento, lo que a su vez puede conducir a un mayor bienestar y éxito en diversos aspectos de la vida.

Una de las principales formas en que la PNL aborda el autoconocimiento es a través de la observación consciente de los propios pensamientos y comportamientos. Esto implica prestar atención a cómo pensamos, cómo nos sentimos y cómo nos comportamos en diferentes situaciones.

Al tomar conciencia de estos aspectos, podemos identificar patrones recurrentes, creencias limitantes y áreas de mejora que pueden estar afectando nuestro bienestar y éxito.

La PNL también utiliza técnicas como la visualización, la introspección guiada y la autoindagación para explorar y profundizar en el autoconocimiento. Estas técnicas pueden ayudar a las personas a identificar y desafiar creencias limitantes, aclarar sus valores y objetivos personales, y desarrollar una mayor comprensión de sí mismas y de sus motivaciones internas.

Además, la PNL fomenta el desarrollo de una actitud de curiosidad y apertura hacia uno mismo, lo que permite a las personas explorar su mundo interno con una mente abierta y receptiva.

Esto puede facilitar el proceso de autoexploración y autoaceptación, promoviendo así un mayor crecimiento personal y una mayor autenticidad en nuestras interacciones con los demás.

4.10. Utilización de la escucha activa como herramienta para mejorar significativamente la comunicación

Tal y como hemos explicado en puntos anteriores, la escucha activa es una de las herramientas más representativas de la PNL.

La escucha activa puede mejorar significativamente la comunicación en diferentes contextos. Consiste en prestar atención de manera consciente y plena a lo que la otra persona está diciendo, tanto verbal como no verbal, y responder de manera empática y reflexiva.

En la PNL, se considera que la escucha activa es fundamental para establecer una conexión genuina con las demás personas y para comprender sus puntos de vista, necesidades y emociones.

Al practicar la escucha activa, demostramos respeto y atención hacia la persona que está hablando, lo que crea un ambiente de confianza y apertura en la comunicación.

Algunos aspectos importantes de la escucha activan en la PNL incluyen:

- **Prestar atención plena:** esto implica enfocarse completamente en lo que la otra persona está diciendo, sin distraerse por pensamientos o preocupaciones propias. Es importante mantener contacto visual, mostrar interés con gestos y expresiones faciales, y evitar interrupciones.

- **Empatía:** la escucha activa también implica ponerse en el lugar del otro y tratar de comprender sus emociones, perspectivas y necesidades. Esto ayuda a crear una conexión emocional y a fortalecer la relación interpersonal.

- **Reformulación:** una técnica común en la escucha activa es la reformulación, que consiste en repetir en tus propias palabras lo que la otra persona ha dicho para demostrar que has entendido su mensaje y para clarificar cualquier malentendido.

- **Validación:** es importante validar los sentimientos y experiencias de la otra persona, incluso si no estás de acuerdo con ellas. Esto ayuda a crear un ambiente de aceptación y comprensión mutua.

Al utilizar la escucha activa como herramienta para mejorar la comunicación, podemos construir relaciones más sólidas, resolver conflictos de manera efectiva y fomentar un mayor entendimiento y colaboración entre las personas.

4.11. Descripción del *rapport*

El *rapport* se refiere a la complicidad y comprensión que se da en una relación de comunicación entre dos o más personas.

La palabra *rapport* proviene del inglés, y significa 'relación de comunicación o compenetración', entendido como un establecimiento de la buena comunicación. Desde la PNL, el *rapport* puede definirse como la habilidad de sintonizarse a través del reflejo de otra persona para establecer un clima de confianza, armonía, cooperación y lograr así una comunicación efectiva.

Esta habilidad es un elemento esencial para establecer una verdadera comunicación. Por lo que podría decirse que el *rapport* es un requisito previo para que se dé una comunicación efectiva.

Las técnicas de *rapport* comprenden la sintonización y la empatía, por lo que permiten entrar en el mundo de la otra persona y poder observarlo, captarlo y experimentarlo. Y este proceso puede realizarse tanto de forma verbal como de forma no verbal.

El proceso que implica el uso del *rapport* conlleva los siguientes pasos:

- **Observar:** a la otra persona, ya que a través de ella se podrán identificar las características que podremos reflejar.

- **Igualar:** igualarse a la otra persona, reflejarse, realizando gestos similares de forma sutil.

- **Seguir:** realizando el reflejo de la persona durante un breve período de tiempo.

- **Conducir:** una vez creado un vínculo de confianza, es el momento en el que nos vamos a conducir o dirigir hacia el objetivo prefijado.

Figura 4.18. Comunicarnos con los demás.

4.12. Enumeración y descripción de las posiciones perceptivas

Tal y como hemos explicado anteriormente, las «posiciones perceptivas» se refieren a diferentes puntos de vista desde los cuales una persona puede percibir una situación, problema o experiencia. Estas posiciones perceptivas son herramientas útiles en la PNL para comprender mejor diferentes perspectivas y facilitar el cambio y la resolución de problemas.

A modo de resumen, volvemos a enumerar las posiciones que hemos mencionado:

1. Posición del yo

2. Posición de la otra persona

3. Posición del observador

También hemos visto la posición del nosotros y la de la familia-escuela.

4.13. Reflexión en relación con las órdenes del amor de Bert Hellinger

Las «órdenes del amor» de Bert Hellinger son principios fundamentales que exploran las dinámicas familiares y las relaciones interpersonales.

Estas órdenes sugieren que en una familia existen jerarquías y lealtades que deben respetarse para mantener la armonía y el bienestar de sus integrantes.

Uno de los conceptos clave de las órdenes del amor es el principio de pertenencia, que establece que todos los miembros de la familia tienen un lugar y un papel importante en el sistema familiar, independientemente de si están vivos o muertos, presentes o ausentes. Esto significa que honrar a nuestros antepasados, respetar nuestra herencia familiar y aceptar nuestro lugar en la familia son aspectos esenciales para nuestro bienestar emocional y nuestra conexión con los demás.

La reflexión sobre las órdenes del amor nos invita a examinar nuestras propias dinámicas familiares y relaciones interpersonales para identificar posibles desequilibrios o conflictos que puedan estar afectando nuestra vida y bienestar.

Nos anima a reconocer y respetar los vínculos familiares y las lealtades implícitas que existen en nuestro sistema familiar, y a buscar la reconciliación y la sanación donde sea necesario.

Además, las órdenes del amor nos recuerdan la importancia de establecer límites saludables en nuestras relaciones y de honrar nuestra propia identidad y autonomía personal. Al hacerlo, podemos liberarnos de cargas emocionales innecesarias y encontrar un mayor sentido de paz y equilibrio en nuestras vidas.

4.14. Análisis del cultivo de emociones positivas para una educación en el respeto y la inclusión

La PNL reconoce la importancia de las emociones en nuestro bienestar y en la calidad de nuestras relaciones, y ofrece herramientas para cultivar emociones positivas que fomenten el respeto y la inclusión.

Una parte fundamental del análisis en este sentido implica comprender cómo nuestras emociones afectan nuestras percepciones, pensamientos y comportamientos. La PNL nos enseña a identificar y gestionar nuestras emociones de manera efectiva, lo que nos permite responder de manera más constructiva a las situaciones difíciles y a las diferencias individuales.

Al cultivar emociones positivas como el amor, la compasión, la gratitud y la empatía podemos crear un entorno educativo más acogedor y respetuoso, donde cada persona se sienta valorada y aceptada. La PNL ofrece técnicas como la visualización, el modelado de comportamiento y la programación neurolingüística para ayudarnos a conectar con estas emociones y promover una cultura de inclusión y respeto en el ámbito educativo.

Además, el análisis del cultivo de emociones positivas en relación con la PNL nos lleva a reconocer la importancia del lenguaje y la comunicación en la promoción del respeto y la inclusión. La PNL nos enseña a utilizar el lenguaje de manera consciente y empática, para expresar nuestro aprecio por la diversidad y para comunicarnos de manera efectiva con personas de diferentes orígenes y experiencias.

Figura 4.19. Regular las emociones.

4.15. Reflexión acerca de nuestra autoestima y cómo desarrollarla

La autoestima es la valoración que tenemos de nosotros mismos, y juega un papel crucial en nuestro bienestar emocional y en nuestra capacidad para enfrentar los desafíos de la vida con confianza y determinación.

La PNL ofrece un enfoque poderoso para fortalecer nuestra autoestima al proporcionarnos herramientas y técnicas para cambiar nuestros patrones de pensamiento y comportamiento, y mejorar nuestra percepción de nosotros mismos.

Uno de los principios fundamentales de la PNL es que nuestras creencias y pensamientos influyen en nuestra realidad. Al cambiar nuestras creencias limitantes por pensamientos más positivos y constructivos, podemos transformar nuestra percepción de nosotros mismos y desarrollar una autoestima más sólida y saludable.

La PNL nos enseña a identificar y desafiar los pensamientos negativos y autocríticos que socavan nuestra autoestima, y a reemplazarlos por afirmaciones positivas y empoderadoras.

Mediante técnicas, como la visualización, la modelización y el cambio de lenguaje interno, podemos programar nuestra mente para enfocarse en nuestras fortalezas y logros, en lugar de en nuestras debilidades y fracasos.

Además, la PNL nos ayuda a desarrollar una mayor conciencia de nuestro diálogo interno y de cómo este afecta a nuestra autoestima. Aprendemos a reconocer y cambiar los patrones de autocrítica y autoexigencia que nos impiden valorarnos a nosotros mismos y a aceptarnos tal como somos.

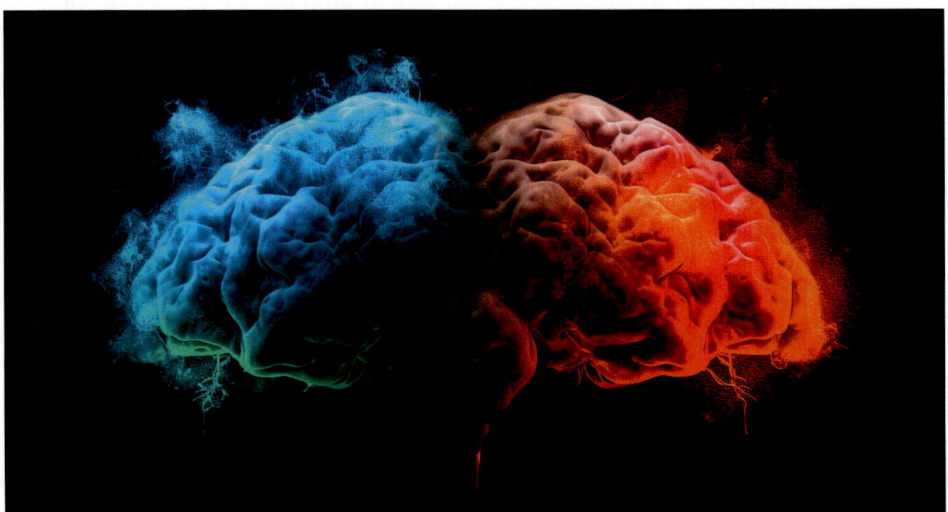

Figura 4.20. Equilibrio mental.

Al practicar la PNL, también aprendemos a cuidar de nuestra mente y cuerpo, y a adoptar hábitos que promuevan nuestro bienestar emocional y físico. Esto incluye el autocuidado, la práctica de la gratitud y el establecimiento de límites saludables en nuestras relaciones.

4.16. Transformación de nuestro diálogo interno para que sea amoroso y respetuoso con nuestra persona y los demás

La transformación de nuestro diálogo interno hacia uno más amoroso y respetuoso con nosotros mismos y con los demás es un aspecto importante en la PNL.

La PNL nos enseña a ser conscientes de nuestros pensamientos y palabras internas, y nos ofrece herramientas para cambiar patrones de pensamiento negativos por otros más positivos y constructivos.

Una de las técnicas clave de la PNL para transformar el diálogo interno es el reencuadre.

El reencuadre implica cambiar la interpretación o perspectiva de una situación para verla de manera más positiva y constructiva. Cuando aplicamos el reencuadre a nuestro diálogo interno, podemos transformar los pensamientos autocríticos y negativos en afirmaciones más amorosas y respetuosas hacia nosotros mismos.

Por ejemplo, si nos encontramos pensando «no soy lo suficientemente bueno», podemos reencuadrar este pensamiento en algo como «estoy en un proceso de crecimiento y aprendizaje, y estoy haciendo lo mejor que puedo en este momento».

Este cambio de enfoque nos ayuda a cultivar una actitud de aceptación y compasión hacia nosotros mismos, en lugar de ser duros y críticos.

Además del reencuadre, la PNL también nos enseña a utilizar el lenguaje de manera consciente y deliberada.

Esto incluye hablar con nosotros mismos de manera amable y alentadora, utilizando palabras y frases que nos motiven y nos den apoyo en lugar de socavar nuestra confianza y autoestima.

Otra técnica útil en la PNL es la visualización.

La visualización consiste en imaginar escenarios positivos y exitosos en nuestra mente, lo que nos ayuda a fortalecer nuestra autoimagen y a crear una sensación de confianza y seguridad en nosotros mismos.

Al visualizarnos actuando de manera amorosa y respetuosa hacia nosotros mismos y hacia los demás, podemos reforzar estos comportamientos en nuestra vida cotidiana.

ACTIVIDADES FINALES

ACTIVIDAD 1: «Círculo de escucha activa»

Objetivo de la actividad: practicar la escucha activa y fomentar la empatía entre los participantes. Se llevará a cabo un círculo donde cada persona tendrá la oportunidad de hablar y escuchar sin interrupciones.

Recursos necesarios:

- Sillas dispuestas en un círculo.
- Un objeto que sirva como «palabra» (puede ser una pelota grande o un pequeño objeto personal).
- Un temporizador o cronómetro.

Desarrollo:

1. Organizar a las participantes en un círculo, asegurando que todas puedan verse y escucharse.

2. Explicar el concepto de escucha activa y su importancia en la comunicación.

3. Establecer un tiempo (por ejemplo, 2 minutos) para que cada persona que tenga la palabra comparta sus pensamientos o sentimientos sobre un tema previamente definido (puede ser sobre una emoción reciente o una experiencia personal).

4. La persona que sostiene el objeto tiene la palabra, mientras las demás escuchan atentamente sin interrumpir.

5. Después de que todas hayan hablado, abrir un espacio para reflexionar sobre la experiencia, preguntando:

   - ¿Cómo se sintieron al ser escuchadas?
   - ¿Qué aprendieron sobre la escucha activa?

ACTIVIDADES FINALES

ACTIVIDAD 2: «Exploración de posiciones perceptivas»

Objetivo de la actividad: que los participantes comprendan y experimenten las diferentes posiciones perceptivas, lo que les permitirá mejorar su empatía y su habilidad de comunicación.

Recursos necesarios:

- Hojas de papel y bolígrafos.
- Un espacio amplio para moverse.
- Tarjetas con los temas de discusión (opcional).

Desarrollo:

1. Introducir el concepto de posiciones perceptivas (primera, segunda, tercera y cuarta posición).

2. Dividir a las participantes en grupos de cuatro.

3. Asignar a cada grupo una posición perceptiva para discutir un tema específico (por ejemplo, un conflicto en grupo).

4. Cada participante debe representar su posición y exponer su punto de vista desde esa perspectiva.

5. Después de la discusión, reunir a todos para compartir sus experiencias y reflexionar sobre cómo cambió su comprensión al adoptar diferentes puntos de vista.

6. Preguntar:

   - ¿Cómo influyó la posición desde la cual hablaste en tu perspectiva sobre el tema?

   - ¿Qué aprendiste sobre las otras posiciones?

© Ediciones Paraninfo

ACTIVIDADES FINALES

ACTIVIDAD 3: «Órdenes del amor y reflexión»

Objetivo de la actividad: esta actividad invita a las participantes a reflexionar sobre las dinámicas familiares y sociales a través de las órdenes del amor de Bert Hellinger.

Recursos necesarios:

- Hojas de papel.
- Bolígrafos.
- Un espacio cómodo para que cada participante pueda reflexionar.

Desarrollo:

1. Explicar brevemente las órdenes del amor: pertenencia, lugar en el sistema, y la relación entre dar y recibir.

2. Pedir a cada participante que escriba sobre una situación familiar o relacional en la que sintieron que no se respetaban estas órdenes.

3. Después de escribir, invitar a compartir en parejas lo que han escrito, enfocándose en cómo la situación los hizo sentir.

4. Finalizar la actividad con una discusión grupal sobre lo que aprendieron y cómo pueden aplicar estos conceptos en su vida diaria para mejorar sus relaciones.

ACTIVIDADES FINALES

ACTIVIDAD 4: «Transformación del diálogo interno»

Objetivo de la actividad: ayudar a los participantes a identificar y transformar su diálogo interno negativo en uno positivo, fomentando así la autoestima y el bienestar emocional.

Recursos necesarios:

- Hojas de papel.
- Bolígrafos.
- Un espejo pequeño (opcional).

Desarrollo:

1. Comenzar la actividad explicando qué es el diálogo interno y cómo puede influir en nuestra autoestima y comportamientos.

2. Pedir a los participantes que reflexionen y escriban tres afirmaciones negativas que se dicen a sí mismos.

3. A continuación, guiarlos para que transformen cada afirmación negativa en una afirmación positiva.

4. Si es posible, pedir que se miren al espejo y lean en voz alta sus afirmaciones positivas, fomentando la autoafirmación.

5. Cerrar la actividad con una discusión sobre cómo se sintieron al transformar sus pensamientos y qué estrategias pueden utilizar para mantener un diálogo interno positivo en el futuro.

ACTIVIDADES FINALES

TEXT DE EVALUACIÓN

4.1. **¿Qué es el *rapport* en el contexto de la comunicación?**

a) La conexión y entendimiento mutuo entre las personas.

b) La capacidad de mantener una relación distante.

c) La habilidad de hablar en público sin nervios.

4.2. **¿Cuál es la primera posición perceptiva según la PNL?**

a) La posición del grupo.

b) La posición de uno mismo.

c) La posición de los demás.

4.3. **¿Qué implica la segunda posición en las posiciones perceptivas?**

a) Entender la situación desde el punto de vista de la otra persona.

b) Evaluar la situación desde una posición neutral.

c) Ver las cosas desde la perspectiva de uno mismo.

4.4. **¿Cuál es la característica principal de la tercera posición?**

a) Ignorar las emociones de los demás.

b) Centrar la atención solo en uno mismo.

c) Adoptar una perspectiva grupal o colectiva.

4.5. **¿Qué se busca con la escucha activa?**

a) Interrumpir al hablante para aclarar dudas.

b) Comprender completamente el mensaje y las emociones del hablante.

c) Solo escuchar las palabras sin prestar atención a las emociones.

4.6. **¿Qué es la educación emocional?**

a) Un método para evitar hablar sobre emociones.

b) Un enfoque para enseñar solo habilidades académicas.

c) Un proceso para desarrollar la comprensión y regulación de las emociones.

4.7. **¿Cuál es el propósito de la pedagogía sistémica?**

a) Aislar el aprendizaje de la vida diaria.

b) Fomentar la competencia entre los alumnos.

c) Integrar la educación en el contexto de la vida y las relaciones.

ACTIVIDADES FINALES

4.8. **¿Qué enuncian las órdenes del amor de Bert Hellinger?**

a) La importancia de los regalos en las relaciones.

b) La necesidad de competir por la atención.

c) Principios que regulan las dinámicas dentro de un sistema familiar.

4.9. **¿Qué significa la pertenencia al sistema en las órdenes del amor?**

a) Ser el más destacado en el grupo.

b) Ignorar a quienes no forman parte del sistema.

c) Reconocer que cada miembro tiene un lugar y un rol.

4.10. **¿Cuál es la mirada transgeneracional?**

a) La observación de las interacciones en el presente.

b) Un enfoque en la relación con la comunidad.

c) La reflexión sobre cómo las emociones y patrones se transmiten a lo largo de las generaciones.

4.11. **¿Qué busca la mirada intergeneracional?**

a) Ignorar la historia familiar.

b) Comprender las dinámicas entre diferentes generaciones.

c) Centrarse solo en las emociones individuales.

4.12. **¿Qué representa la mirada intrageneracional?**

a) La interacción y dinámica entre miembros de la misma generación.

b) El análisis de un solo individuo.

c) La relación entre diferentes generaciones.

4.13. **¿Qué es el autoconocimiento?**

a) La capacidad de memorizar hechos sobre otros.

b) Conocer solo las opiniones de los demás sobre uno mismo.

c) La comprensión profunda de las propias emociones, pensamientos y comportamientos.

4.14. **¿Cómo se puede mejorar la comunicación utilizando la escucha activa?**

a) Cambiando de tema rápidamente.

b) Ignorando las emociones del hablante.

c) Reflejando y validando las emociones expresadas.

A C T I V I D A D E S   F I N A L E S

4.15. **¿Qué se entiende por transformación del diálogo interno?**

a) Cambiar la manera en que nos hablamos a nosotros mismos para fomentar la autoestima.

b) Evitar cualquier tipo de autocrítica.

c) Hablar solo con los demás de manera positiva.

4.16. **¿Por qué es importante cultivar emociones positivas en la educación?**

a) Para fomentar un ambiente de respeto e inclusión.

b) Para evitar conflictos.

c) Para promover la competitividad entre los alumnos.

4.17. **¿Qué papel juega la autoestima en la educación emocional?**

a) Es irrelevante para el aprendizaje.

b) Solo se relaciona con el éxito académico.

c) Es fundamental para el desarrollo personal y las relaciones interpersonales.

4.18. **¿Qué se busca con la ampliación de la mirada en el contexto emocional?**

a) Centrar la atención únicamente en uno mismo.

b) Ignorar las diferentes perspectivas.

c) Considerar múltiples enfoques para entender situaciones y emociones.

4.19. **¿Qué describe el *rapport* en las relaciones?**

a) Una técnica para manipular a los demás.

b) Una forma de ser más persuasivo sin importar el contexto.

c) La capacidad de crear un ambiente de confianza y conexión.

4.20. **¿Qué describe el *rapport* en las relaciones?**

a) La comunicación es irrelevante para la educación emocional.

b) Una buena comunicación es esencial para el desarrollo emocional y social.

c) La educación emocional solo se da sin comunicación.

Glosario

- **Alineación de los niveles neurológicos:** práctica de asegurar que los diferentes niveles neurológicos estén en armonía, lo que promueve el cambio personal y el crecimiento.

- **Análisis de algunos aspectos de nuestra vida relacionados con los niveles neurológicos:** reflexión sobre cómo los niveles neurológicos influyen en nuestras experiencias y comportamientos.

- **Análisis de nuestro propio mapa:** evaluación de nuestras percepciones y experiencias que moldean nuestra comprensión del mundo.

- **Análisis del cultivo de emociones positivas para una educación en el respeto y la inclusión:** estudio de cómo fomentar un ambiente que promueva el bienestar emocional y la inclusión en el ámbito educativo.

- **Anclajes:** técnicas de PNL que utilizan estímulos específicos para evocar emociones o estados deseados, facilitando la gestión emocional.

- **Aplicación de actitudes para generar autoestima:** estrategias y prácticas destinadas a aumentar la autoestima y el amor propio.

- **Aplicación de las submodalidades para cambiar recuerdos y emociones:** uso de características específicas de los sistemas representativos para alterar la percepción de experiencias pasadas.

- **Aplicación del sintonizar en nuestras relaciones:** implementación de la técnica de «sintonización» para mejorar la conexión y la comprensión en las relaciones interpersonales.

- **Arte de la comunicación:** habilidad de intercambiar información de manera efectiva, considerando tanto el contenido verbal como los elementos no verbales.

- **Autoconocimiento:** proceso de reflexión y descubrimiento sobre uno mismo, incluyendo pensamientos, emociones y motivaciones.

- **Cambios comportamentales y de aprendizaje según el sistema representativo preferente:** comprensión de cómo el canal representativo preferido influye en el aprendizaje y el comportamiento de una persona.

- **Capacidades:** habilidades y competencias que una persona posee y puede desarrollar.

- **Congruencia personal:** alineación interna entre creencias, valores y comportamientos de una persona, asociada con la autenticidad y el bienestar.

- **Creencias:** convicciones firmes que influyen en el comportamiento y la percepción del mundo.

- **Creencias y valores:** convicciones profundas que guían el comportamiento y las decisiones de una persona.

- **Cuarta posición: familia-escuela:** importancia de la colaboración y la comunicación efectiva entre estos dos entornos para el bienestar y el éxito académico y emocional de los menores

- **Cultivo de emociones positivas:** fomento de un ambiente que promueve el bienestar emocional, el respeto y la inclusión.

- **Educación emocional:** proceso de enseñar a las personas a reconocer, comprender y manejar sus emociones de manera efectiva.

- **El lugar que cada cual ocupa en el sistema:** reconocimiento del rol de cada individuo dentro de su contexto familiar o social.

- **El mapa no es el territorio:** principio que sugiere que nuestras percepciones y representaciones mentales de la realidad no son la realidad misma, implicando que cada persona tiene una visión única del mundo.

- **El objetivo de la comunicación es el resultado que produce:** la efectividad de la comunicación se mide por los resultados que genera, no solo por la intención de comunicarse.

- **El otro:** perspectiva de la otra persona en la comunicación y el entendimiento.

- **Escucha activa:** habilidad de escuchar de manera profunda y empática, comprendiendo no solo las palabras, sino también las emociones y el significado detrás de ellas.

- **Espiritual y sistémico:** se refiere a la conexión con el propósito y el contexto más amplio de la vida.

- **Generación de cambios significativos en nuestras creencias debilitantes:** proceso para transformar creencias que limitan el potencial personal.

- **Generar autoestima:** estrategias y prácticas para aumentar la autoestima y el amor propio.

- **Identidad:** la percepción de uno mismo y cómo se define en diferentes contextos.

- **Identificación de los aspectos que pueden mejorar nuestra comunicación:** reconocimiento de elementos en nuestras interacciones que pueden optimizar el entendimiento y la conexión.

- **Identificación de nuestro canal representativo y de nuestros alumnos para mejorar los aprendizajes y la comunicación:** determinación de la modalidad preferida a través de la cual una persona percibe e interpreta la información.

- **Identificación de posibles conflictos internos en relación con los niveles neurológicos:** reconocimiento de tensiones o contradicciones dentro de una persona que pueden surgir de creencias opuestas o metas en conflicto.

- **La educación emocional:** estrategia para fomentar habilidades emocionales en los individuos.

- **La mente y el cuerpo son partes del mismo sistema:** reconocimiento de la interconexión entre la mente y el cuerpo, y cómo los pensamientos y emociones afectan la salud física.

- **La pertenencia al sistema:** necesidad de cada miembro de sentirse parte de un grupo o familia.

- **La relación entre dar y recibir, entre dar y tomar:** dinámica de intercambio en las relaciones humanas.

- **Mirada intergeneracional:** estudio de las relaciones entre diferentes generaciones.

- **Mirada intrageneracional:** enfoque en las interacciones dentro de la misma generación.

- **Mirada intrapsíquica:** reflexión sobre los procesos internos y emocionales de una persona.

- **Mirada transgeneracional:** análisis de cómo los patrones familiares se transmiten a través de generaciones.

- **No puedes no comunicar:** afirmación de que, incluso cuando no hablamos, nuestro comportamiento y lenguaje corporal comunican algo.

- **Órdenes del amor de Bert Hellinger:** principios que describen las dinámicas familiares y las relaciones interpersonales.

- **Posiciones perceptivas:** diferentes ángulos desde los cuales se puede observar una situación.

- **Primera posición:** yo: perspectiva personal en la comunicación y la observación.

- **Reflexión acerca de nuestra autoestima y cómo desarrollarla:** análisis de la importancia de la autoestima y estrategias para fomentarla.

- **Reflexión acerca del error como una herramienta para el cambio:** consideración de los errores como oportunidades de aprendizaje y crecimiento.

- **Reflexión en relación con las órdenes del amor de Bert Hellinger:** estudio sobre cómo las dinámicas familiares influyen en nuestras relaciones y comportamientos.

- **Reflexión sobre la educación en el cambio social:** consideración del papel que juega la educación en la transformación y mejora de la sociedad.

- **Respeto por el modelo del mundo de las otras personas:** importancia de reconocer y respetar las perspectivas y experiencias de los demás.

- **Segunda posición:** el otro: perspectiva que implica ponerse en el lugar de la otra persona.

- **Sistemas representativos:** modalidades a través de las cuales las personas perciben y representan la información.

- **Si lo que haces no funciona, haz otra cosa:** enfoque pragmático que sugiere ajustar el enfoque si una estrategia no produce los resultados deseados.

- **Submodalidades:** características específicas que definen cada modalidad representativa.

- **Tercera posición:** nosotros: vista neutral, observando desde fuera y considerando las perspectivas de todas las partes involucradas.

- **Todo comportamiento tiene una intención positiva:** principio que afirma que cada acción realizada tiene un propósito, generalmente relacionado con satisfacer una necesidad o deseo.

- **Transformación de nuestro diálogo interno para que sea amoroso y respetuoso con nuestra persona y los demás:** modificación de la forma en que nos hablamos a nosotros mismos y a los demás para fomentar una comunicación positiva.

- **Utilización de anclajes para gestionar nuestros estados emocionales:** aplicación de técnicas de PNL para evocar estados emocionales deseados mediante estímulos específicos.

- **Utilización de la escucha activa como herramienta para mejorar significativamente la comunicación:** implementación de la escucha activa para facilitar el entendimiento y la conexión en las interacciones.

Bibliografía

- Dilts, R. *El poder de la palabra PNL. La magia del cambio de creencias a través de la conversación,* editorial Urano, 2022.

- Dilts, R. *Identificación y cambio de creencias* (Programación Neurolingüística), editorial Urano, 1998.

- Jago, W. *Transforma tu cerebro con PNL: Estrategias de autocoaching para sobrevivir y prosperar en un mundo de cambios* (Programación Neurolingüística), editorial Urano, 2011.

- O'Connor, J., y McDermott, I. *Los principios de la PNL,* Amat editorial, 2013.

- Pallero Guerrero, C. *PNL y educación: Claves para ser el profesor que siempre quisiste tener,* editorial Universitaria Ramón Areces, 2017.

- Pérez Martínez, J. *Trata el estrés con PNL,* editorial Universitaria Ramón Areces, 2017.

- Robbins, A. *Poder sin límites: La nueva ciencia del desarrollo personal,* editorial Debolsillo, 2010.